知らないと恥をかく世界の大問題13

現代史の大転換点

池上 彰

角川新書

目次

4つの共和国から／ソ連のリーダーはソ連共産党だった／ソ連が崩壊したのに「NATO」が必要なのか？／フィンランドはなぜNATOに入っていなかったのか／次はバルト三国？　ロシアにおびえる国々／ウクライナ侵攻前にロシアが承認した2つの「国家」／過去には南オセチアもアブハジアも／「ミンスク合意」はウクライナに不利だった／あのときの〝弱い〟ウクライナとは違う／プーチンの「聖戦」を後押しするロシア正教会トップ／ベラルーシってロシアの「従属国」？／難民を「武器」に使うベラルーシ／NATOに加盟していないため「経済制裁」しかない／「信号機連立」「ジャマイカ連立」って？／ヨーロッパの〝肝っ玉母さん〟メルケルの引退後

第3章　米中ロの国益が交差するユーラシア　141

カザフスタンで騒乱、ここにもロシアの平和維持軍？／カザフスタンが多民族国家である理由／国民の怒りは28年間の「長期独裁」に／上海協力機構にイランが正式加盟へ／イランに反米強硬派の大統領が誕生／イランの最高権力者は大統領ではないが……／アメリカとイランの「作用・反作用」／生き

光文社文庫最新刊

一分	坂岡 真
レオナール・フジタのお守り	大石直紀
三つのアリバイ　女子大生桜川東子《さくらがわはるこ》の推理	鯨 統一郎
ブルシャーク	雪富千晶紀
スノーバウンド@札幌連続殺人	平石貴樹
なぜ、そのウイスキーが謎を招いたのか	三沢陽一
友が消えた夏　終わらない探偵物語	門前典之

光文社文庫最新刊

毒蜜　七人の女　決定版	南　英男
やせる石鹸(上)　初恋の章	歌川たいじ
遺文　決定版　吉原裏同心(21)	佐伯泰英
夢幻　決定版　吉原裏同心(22)	佐伯泰英
幽霊のお宝　新・木戸番影始末(五)	喜安幸夫
知られざる徳川家康　珠玉の歴史小説選	菊池　仁編
決闘・柳森稲荷　日暮左近事件帖	藤井邦夫

編集協力／八村晃代
カバー・図版デザイン／國分　陽
イラスト／斉藤重之
撮影／村越将浩

プロローグ　世界は新たな時代を迎えた

ロシアのウクライナ侵攻。新たな時代を迎えた世界

2022年2月のロシアのウクライナ侵攻を受けて大きく動いた世界。
時計の針が逆戻りしたような現代史の大転換点。
世界はどこへ向かうのか、日本はどうするべきか？

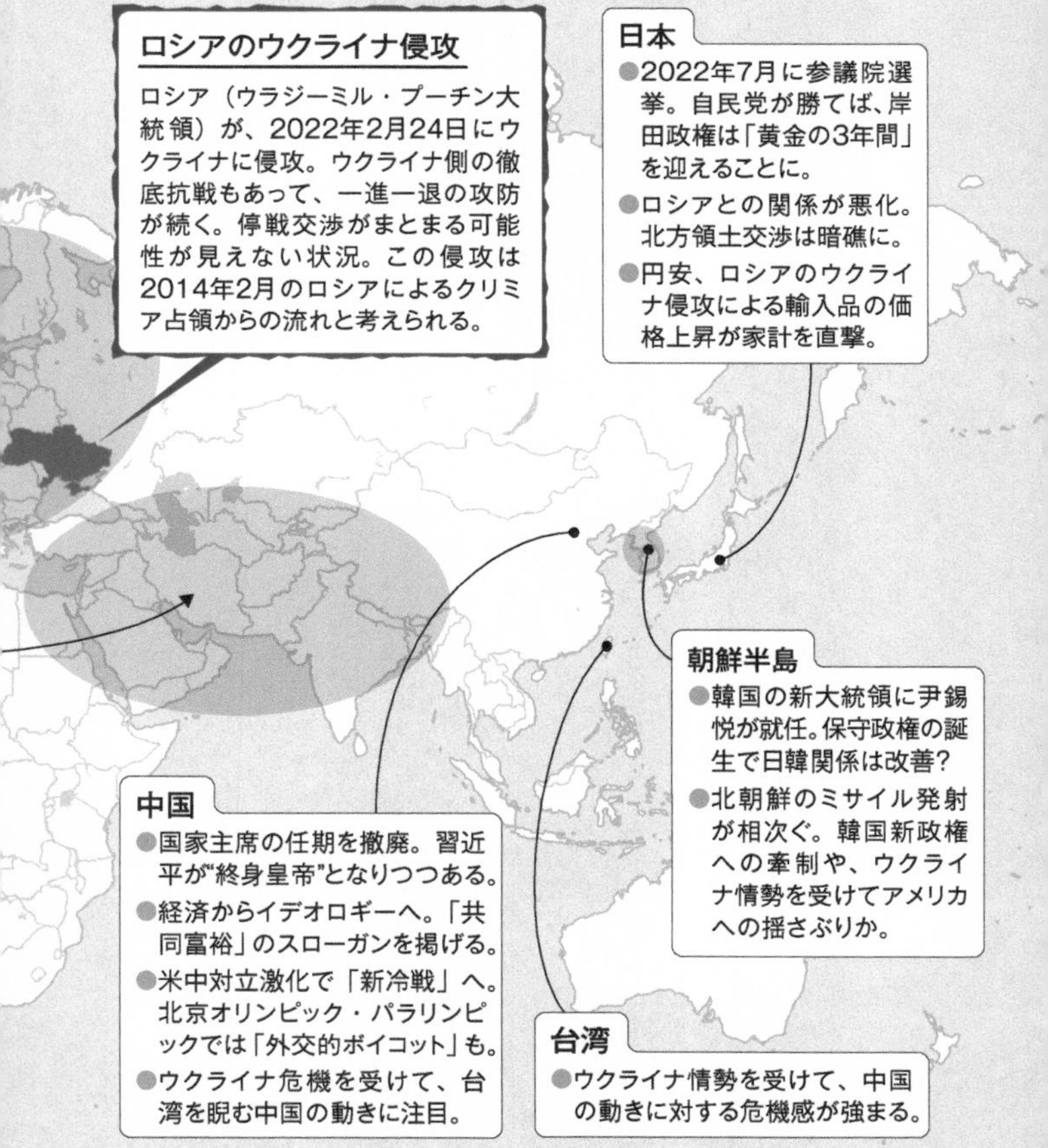
ロシアのウクライナ侵攻
ロシア（ウラジーミル・プーチン大統領）が、2022年2月24日にウクライナに侵攻。ウクライナ側の徹底抗戦もあって、一進一退の攻防が続く。停戦交渉がまとまる可能性が見えない状況。この侵攻は2014年2月のロシアによるクリミア占領からの流れと考えられる。
日本
●2022年7月に参議院選挙。自民党が勝てば、岸田政権は「黄金の3年間」を迎えることに。
●ロシアとの関係が悪化。北方領土交渉は暗礁に。
●円安、ロシアのウクライナ侵攻による輸入品の価格上昇が家計を直撃。
朝鮮半島
●韓国の新大統領に尹錫悦が就任。保守政権の誕生で日韓関係は改善？
●北朝鮮のミサイル発射が相次ぐ。韓国新政権への牽制や、ウクライナ情勢を受けてアメリカへの揺さぶりか。
中国
●国家主席の任期を撤廃。習近平が“終身皇帝”となりつつある。
●経済からイデオロギーへ。「共同富裕」のスローガンを掲げる。
●米中対立激化で「新冷戦」へ。北京オリンピック・パラリンピックでは「外交的ボイコット」も。
●ウクライナ危機を受けて、台湾を睨む中国の動きに注目。
台湾
●ウクライナ情勢を受けて、中国の動きに対する危機感が強まる。

アメリカ

- アフガニスタン撤退、ウクライナ危機対応などのまずさで、バイデン政権の支持率が低迷。
- 2022年秋の中間選挙。バイデン苦戦が伝わる。共和党がどこまで議席を伸ばすか？
- 民主主義と専制主義の対立をあおるバイデン。中国、ロシアは反発。

ヨーロッパ諸国

- ロシアのウクライナ侵攻でロシアに経済制裁。ロシア対NATOの対立激化。ロシアと国境を接する国の緊張が高まる。
- 経済制裁の副作用。エネルギー危機がヨーロッパを襲う。
- ベラルーシはロシア側につき、EU諸国とも険悪な関係。
- エマニュエル・マクロンがフランス大統領2期目就任も、国内外で課題が山積。

中東・アジア

- 反米国家のイランが中国、ロシアに接近。核開発の動きに要注意。
- アメリカ軍の撤退で、空白地帯となったアフガニスタンを狙うのは？再び国際テロの拠点になる可能性も？
- ロシアと欧米諸国の対立で気になるトルコの立ち位置。

人類共通の問題

- 新型コロナウイルスから3年目。「ウイズコロナ」は実現できるのか？
- コロナ禍で格差拡大が進む。資本主義の問題が顕在化。
- 地球温暖化対策とエネルギー問題の兼ね合いに悩む世界。

※世界基準ではイギリスが世界地図の中心で語られることが多い。
この地図をもとに考えると、アメリカは西、ロシアは東。日本は極東となる。

世界の分断で枠組みに変化が!?

先進国だけでは世界の問題は解決しない。
そこで、つくられた２１世紀の世界の大きな枠組みだったが、
ロシアのウクライナ侵攻でその枠組みにも影響が……。

G8だけでは世界の問題を解決することができないと考えた結果、世界の意思をまとめる新しい集まりができた。2022年は10月にインドネシアで開催予定。

かつてのサミット（主要国首脳会議）はこの7カ国で開かれていた。1990年代に入り、ロシアが加わり、G8となったが、ウクライナ・クリミア問題で、2014年のサミットではG8からロシアを除外。2020年はコロナで中止。2022年は6月にドイツで開催。

勢いのある新興国の国名の頭文字を取って、BRICsと呼ばれていた。南アフリカを加えて、BRICSとも。

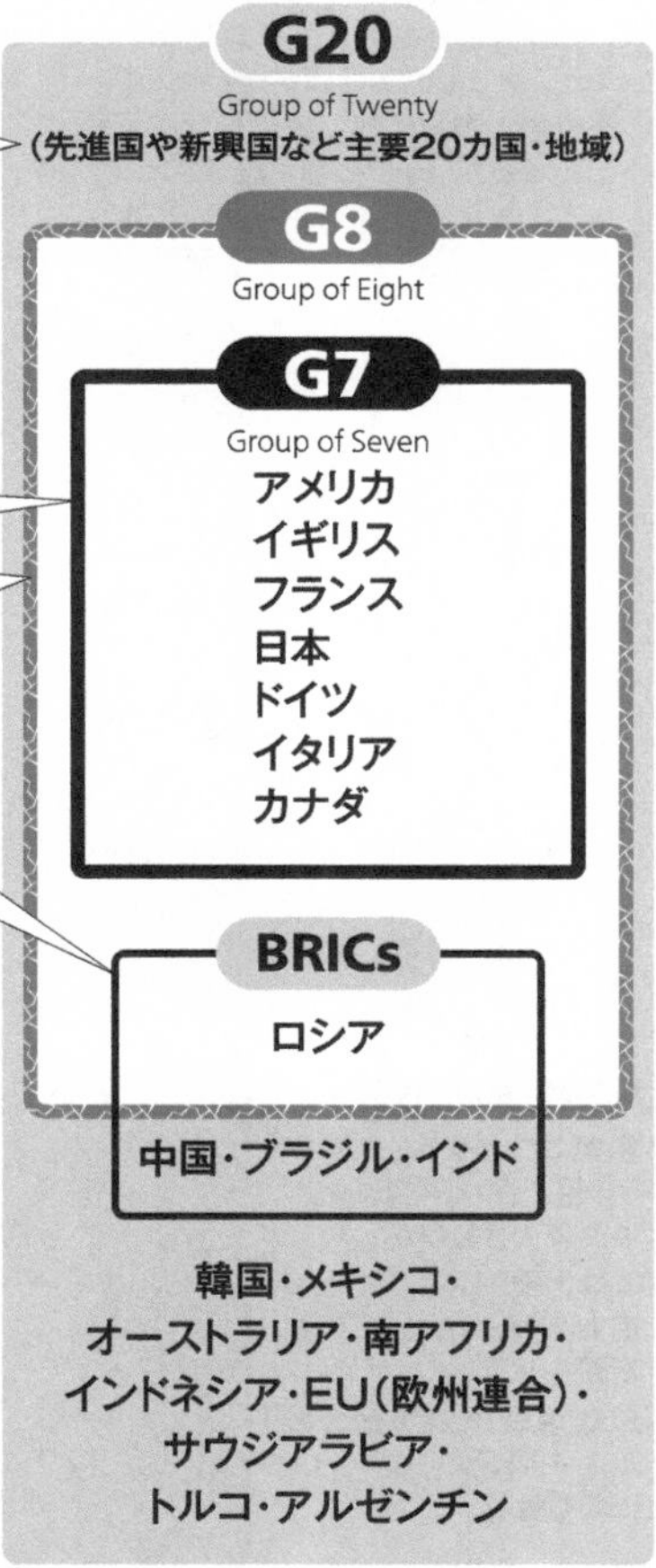
G20
Group of Twenty
（先進国や新興国など主要20カ国・地域）
G8
Group of Eight
G7
Group of Seven
アメリカ
イギリス
フランス
日本
ドイツ
イタリア
カナダ
BRICs
ロシア
中国・ブラジル・インド
韓国・メキシコ・
オーストラリア・南アフリカ・
インドネシア・EU（欧州連合）・
サウジアラビア・
トルコ・アルゼンチン

MEF

Major Economies Forum

主要経済国フォーラム

エネルギーや気候変動について、世界の主要国で話し合う。「地球温暖化問題」については、１９９２年の地球サミットで採択された「気候変動枠組条約」の締約国が集まって、COP（Conference of the Parties、締約国会議）を毎年開催。COP21では、パリ協定が採択された。

国際社会の調整役・国際連合の役割

グローバル化が進むにつれて、
国同士の問題、世界全体に関わる問題などが増えてきている。
その調整を行うのが国際連合＝国連なのだが……。

国際連合

以下の6つの主要機関と、関連機関、専門機関からなる国際組織。

経済社会理事会

経済・社会・文化・教育・保健の分野での活動を担当。

信託統治理事会

独立していない信託統治地域の自治・独立に向けた手助けを担当（1994年のパラオの独立後、その作業を停止している）。

国際司法裁判所

国際的な争い事の調停を担当。

※世界貿易機関（WTO）、国際原子力機関（IAEA）などの関連機関や、国際労働機関（ILO）、国際連合教育科学文化機関（UNESCO）、世界保健機関（WHO）、国際復興開発銀行（世界銀行）、国際通貨基金（IMF）などの専門機関がある。

総会

2021年7月時点、加盟国は193カ国。この加盟国すべてが参加する会議。各国が1票の表決権を持つ。年に1度、9月に総会が開かれる。

事務局

事務局長が、国連事務総長。現在はポルトガル出身のアントニオ・グテーレス。

安全保障理事会（安保理）

国際平和と安全に主要な責任を持つ。15カ国で構成される。

常任理事国

アメリカ

ロシア

（1991年12月からロシア。それまではソビエト連邦）

イギリス

フランス

中国

（1971年10月から中華人民共和国。それまでの代表権は中華民国）

非常任理事国

10カ国。総会で2年の任期で選ばれる。

日本は2016年1月から非常任理事国に（2017年12月31日で任期終了）。国連加盟国最多の11回目の選出。2022年安保理非常任理事国選挙へ立候補している（2022年6月投票予定）。

アジア太平洋地域を中心とした貿易の主導権争い

太平洋を取り囲む(環太平洋の)国々が、国境を超えて、
モノ、お金、人が自由に行き来できる自由貿易の枠組みを推進している。
その代表が、TPP、RCEP。TPPから離脱したアメリカ、
RCEP交渉から離脱したインド、TPP参加を申請したイギリス、
中国、台湾など、各国の動きから目が離せない。

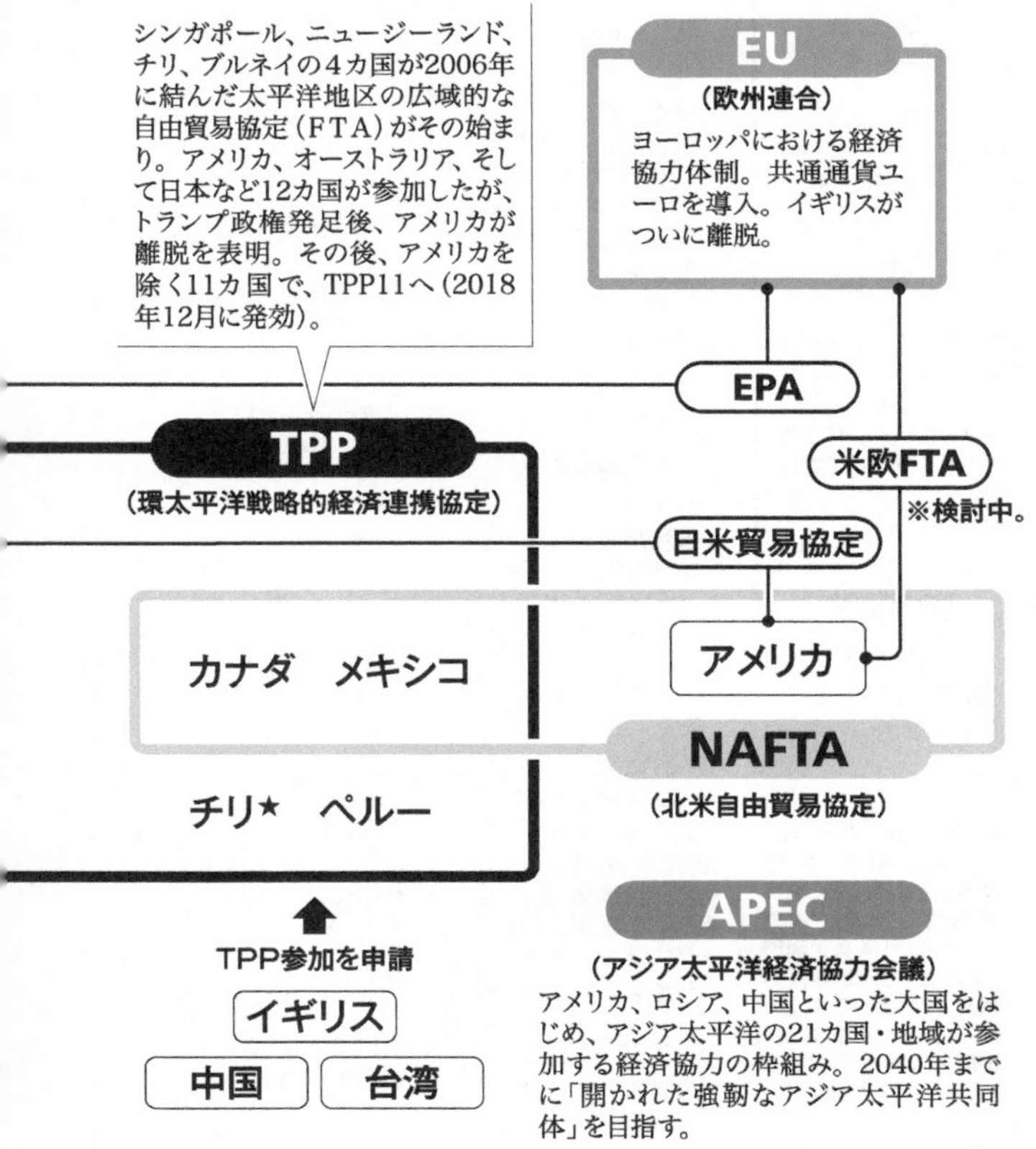
シンガポール、ニュージーランド、チリ、ブルネイの4カ国が2006年に結んだ太平洋地区の広域的な自由貿易協定(FTA)がその始まり。アメリカ、オーストラリア、そして日本など12カ国が参加したが、トランプ政権発足後、アメリカが離脱を表明。その後、アメリカを除く11カ国で、TPP11へ(2018年12月に発効)。
EU
(欧州連合)
ヨーロッパにおける経済協力体制。共通通貨ユーロを導入。イギリスがついに離脱。
EPA
TPP
(環太平洋戦略的経済連携協定)
米欧FTA
※検討中。
日米貿易協定
カナダ　メキシコ
アメリカ
NAFTA
(北米自由貿易協定)
チリ★　ペルー
TPP参加を申請
イギリス
中国
台湾
APEC
(アジア太平洋経済協力会議)
アメリカ、ロシア、中国といった大国をはじめ、アジア太平洋の21カ国・地域が参加する経済協力の枠組み。2040年までに「開かれた強靭なアジア太平洋共同体」を目指す。

EPA
FTAをベースに、労働者の移動の自由化などを盛り込んだ決め事。

FTA
2つの国または地域間で、関税などの貿易上の障壁を取り除く決め事。

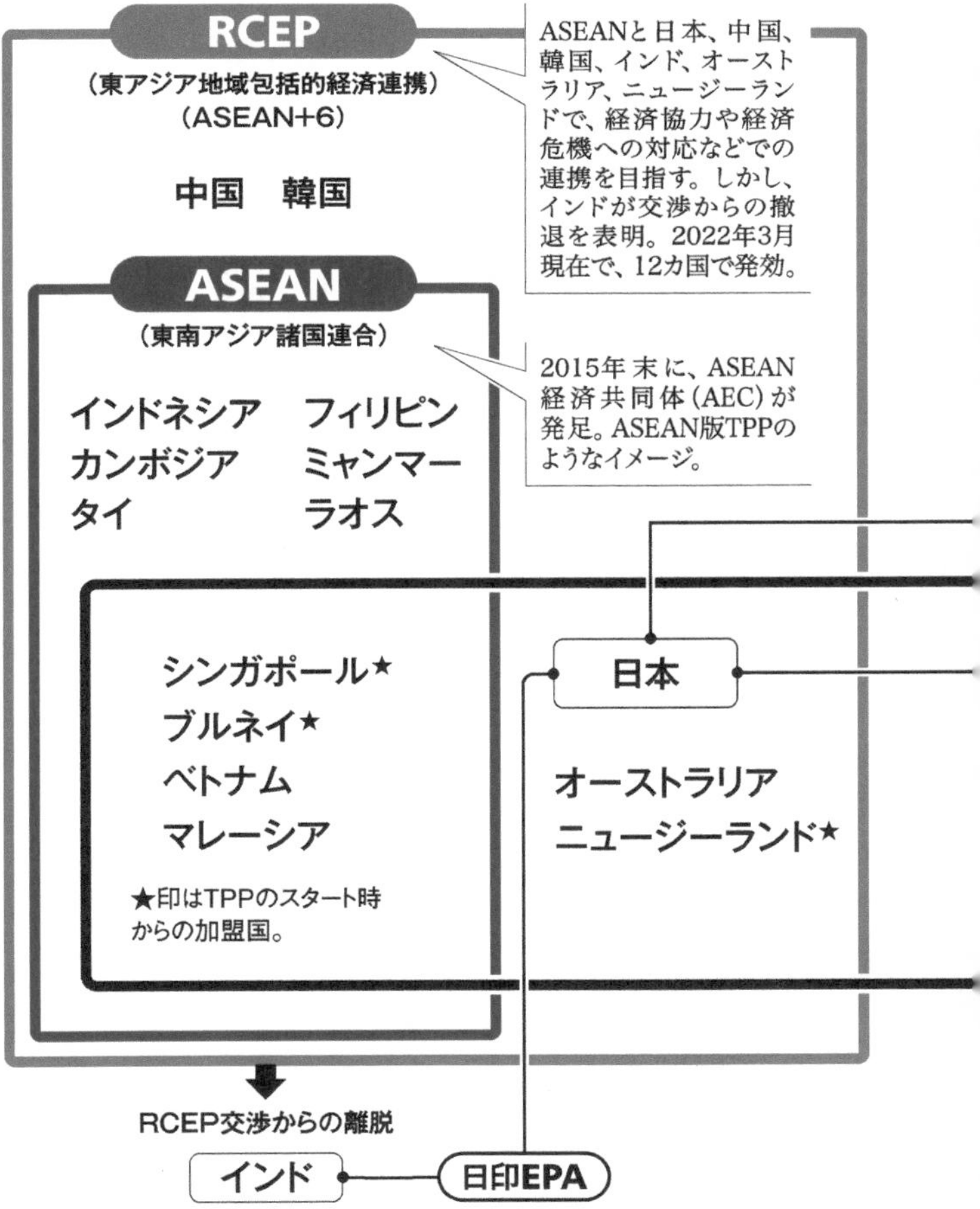
RCEP
（東アジア地域包括的経済連携）
（ASEAN+6）
中国　韓国
ASEANと日本、中国、韓国、インド、オーストラリア、ニュージーランドで、経済協力や経済危機への対応などでの連携を目指す。しかし、インドが交渉からの撤退を表明。2022年3月現在で、12カ国で発効。
ASEAN
（東南アジア諸国連合）
2015年末に、ASEAN経済共同体（AEC）が発足。ASEAN版TPPのようなイメージ。
インドネシア　フィリピン
カンボジア　ミャンマー
タイ　ラオス
シンガポール★
ブルネイ★
ベトナム
マレーシア
★印はTPPのスタート時からの加盟国。
日本
オーストラリア
ニュージーランド★
RCEP交渉からの離脱
インド
日印EPA

第1次世界大戦前の対立の構図

初めての世界規模の戦争で、現在の中東問題などの
種を蒔いたという負の遺産を残した第1次世界大戦。
バルカン半島をめぐる問題がくすぶるなか、
サラエボでのオーストリア帝位継承者の暗殺が開戦のきっかけとなった。
新興勢力であったドイツとそれまでの列強国の対立ともいえる。

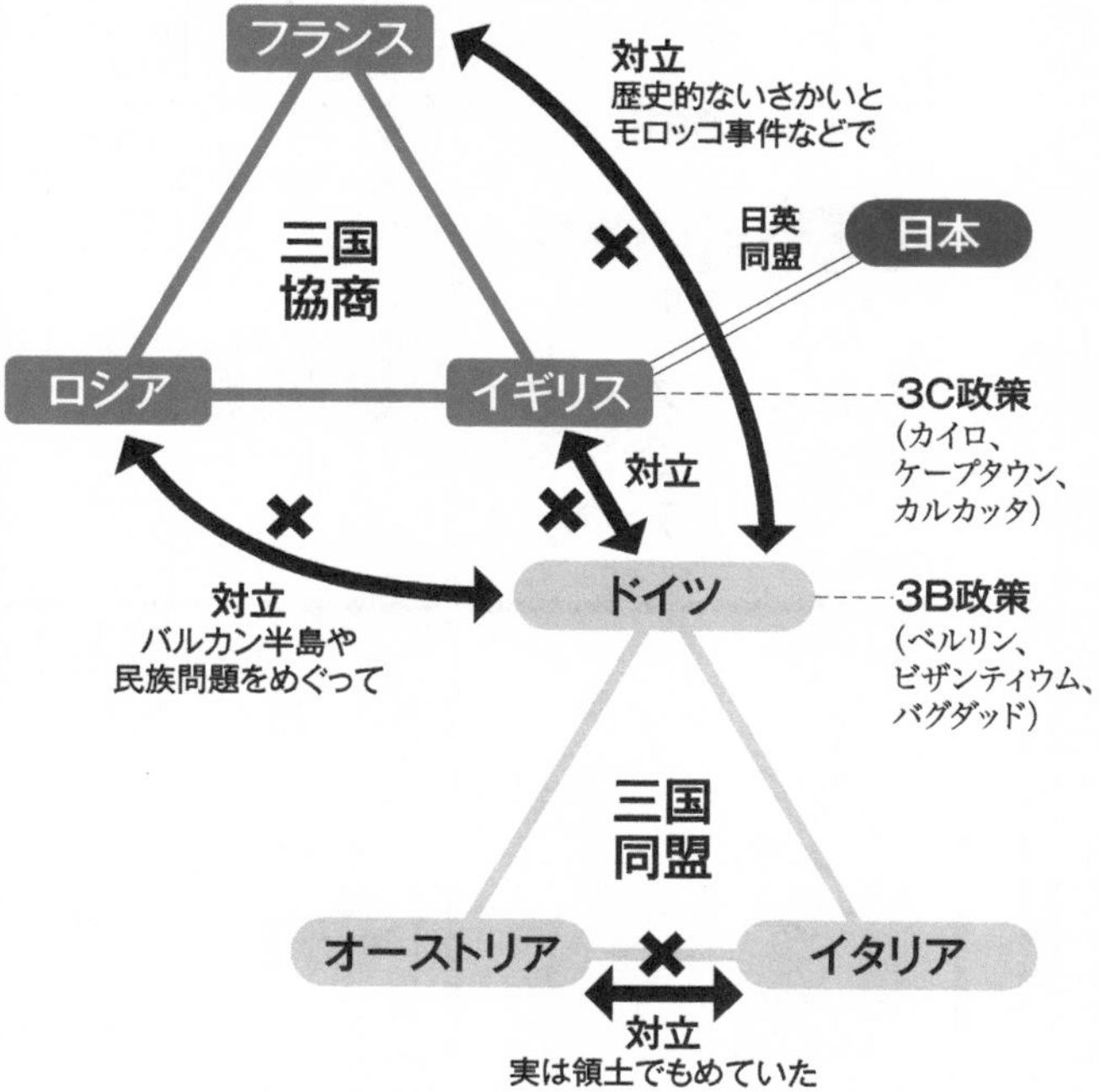
フランス
対立
歴史的ないさかいと
モロッコ事件などで
三国
協商
日英
同盟
日本
ロシア
イギリス
3C政策
(カイロ、
ケープタウン、
カルカッタ)
対立
対立
バルカン半島や
民族問題をめぐって
ドイツ
3B政策
(ベルリン、
ビザンティウム、
バグダッド)
三国
同盟
オーストリア
イタリア
対立
実は領土でもめていた

1914年 サラエボ事件 ▶ 第1次世界大戦へ

1918年 第1次世界大戦終結

1919年 パリ講和会議 ▶ ヴェルサイユ条約締結(戦後体制の確立)

1920年 国際連盟の成立

第2次世界大戦前の対立の構図

世界恐慌とファシズム(全体主義)が台頭するなか、
ナチス・ヒトラーのドイツ、ムッソリーニのイタリア、そして日本の
三国軍事同盟を中心とする枢軸国側と、アメリカ、イギリス、フランス、オランダ、
中国、ソ連などの連合国側の間で起こった2度目の世界規模の戦争。
人類史上最多といえる民間人の犠牲を出した。

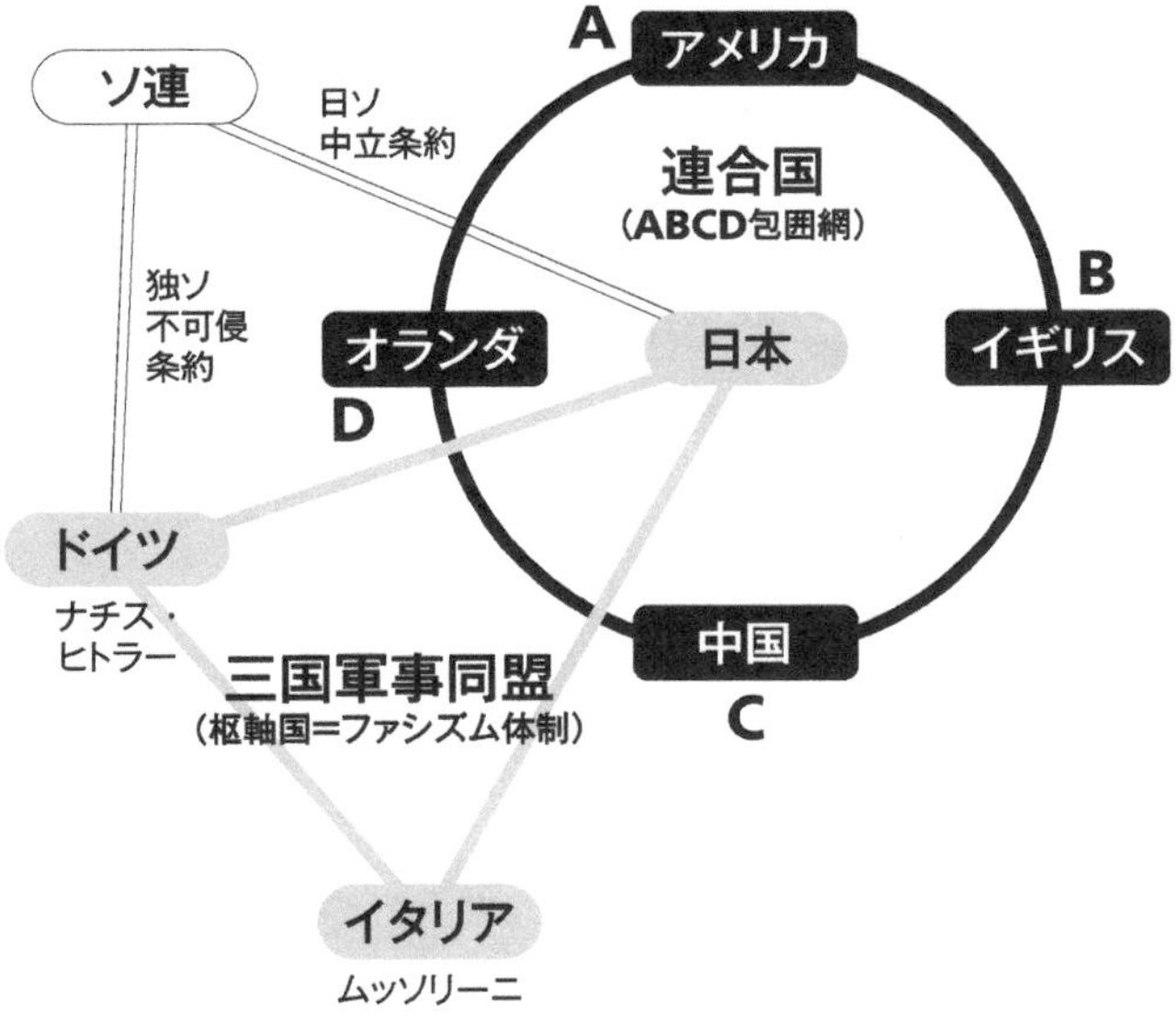

1939年	ドイツのポーランド侵攻　▶第2次世界大戦へ
1941年	日本の真珠湾攻撃　▶日米の戦争へ
1945年	アメリカ、イギリス、ソ連によるヤルタ会談(戦後体制を話し合う)
	原爆、日本(広島、長崎)へ投下
	日本、ポツダム宣言受諾　▶第2次世界大戦終結
	国際連合の成立
1951年	サンフランシスコ講和条約締結(戦後体制の確立)

世界の3大宗教とは?

世界には多くの宗教があり、人々の暮らしに密接に結びついている。
宗教が人間としての生き方や精神活動、
さらには経済活動などにも大きな影響を及ぼしている。
世界レベルで広がった宗教のうち、
とくに、キリスト教、イスラム教、仏教を世界3大宗教と呼ぶ。

キリスト教

開祖:イエス・キリスト
成立:紀元後1世紀ごろ

3大教派

- プロテスタント
- 正教会（東方正教とも。ギリシャ正教、ロシア正教などがある）
- カトリック（最大教派）

簡単に言うと「イエスの教えを信じる宗教」。ユダヤ教の改革運動を行っていたイエスのことを、救世主＝キリストと考え信じる宗教。

イスラム教

創唱者:ムハンマド
成立:紀元後7世紀の初めごろ

スンニ派（約85%）
イスラム教の教えを守っていけばいい、スンニ(スンナ)＝慣習を重視。サウジアラビアなど。

シーア派（約15%）
アリー（預言者ムハンマドのいとこ）の党派（シーア)。血統を重視。イランなど。

神に選ばれた最後の預言者であるムハンマドが、神から下された言葉を人々に伝えたことが始まりとされる。

仏教

開祖:ゴータマ・シッダールタ
成立:紀元前5世紀ごろ

- チベット仏教
- 上座部仏教　※上座部とは「長老の僧、徳の高い僧」の意。
- 大乗仏教　※大乗とは「大きな乗り物」の意。

仏の教え。仏とはブッダ＝真理に目覚めた人（ゴータマ・シッダールタ）のこと。物事の真理を知ることを「悟りを開く」という。

神
宇宙をつくった
唯一絶対神
ヤハウェ
（ヘブライ語）
ゴッド
（英語）
アッラー
（アラビア語）
ユダヤ教
キリスト教
イスラム教

※エジプトのキリスト教系のコプト教では、神をアッラーと呼ぶ。

この3つの宗教が信じる神は同じ

ユダヤ教、キリスト教、イスラム教の3つを並べて解説することが多い。実は、この3つの宗教は、同じ唯一神を信じる。ちなみに、ユダヤ教は、紀元前13～前12世紀に成立した宗教。ユダヤ教を信仰する人はユダヤ人と呼ばれる。

エルサレムの旧市街には3つの宗教の聖地がある

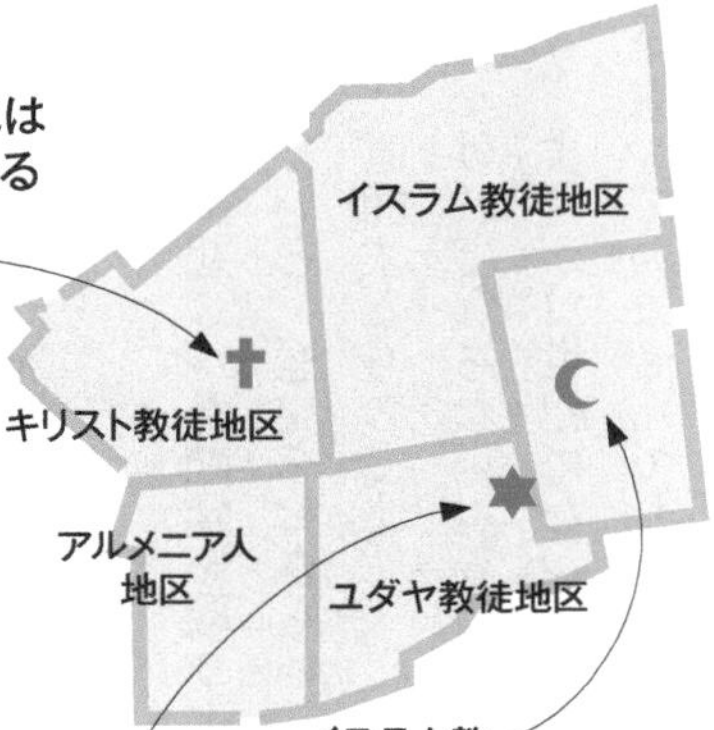
イスラム教徒地区
キリスト教徒地区
アルメニア人
地区
ユダヤ教徒地区

キリスト教
聖墳墓教会

イエスが十字架にかけられたゴルゴタの丘があったとされる場所に建てられている。

イスラム教
岩のドーム

メッカにいたムハンマドが天馬に乗ってエルサレムに行き、そこから天に昇ったとされる「聖なる岩」を丸い屋根で覆い、この建物に。

ユダヤ教
嘆きの壁

紀元後70年にローマ帝国によって神殿が破壊された。その神殿の西側の壁だけが残った。夜露にぬれると涙を流しているように見えるところから名づけられたとも。

■世界史が変わるような出来事が起きるとは……

「知らないと恥をかく世界の大問題」シリーズも、第13弾まで出すことができました。「知らないと恥をかく」というタイトルは、読者に対していささか高圧的で押し付けがましい気もしているのですが、多くの人に読み続けられてここまでくることができ、大変うれしく思っています。

これまで毎回、過去1年間に世界で起こった問題を取り上げ、そこにどんな背景があるのか、その因果関係を知ってほしいと、歴史をおさらいしながら解説してきました。毎年、何かしら地球規模の課題に直面するものです。

それでいうと今回、取り上げなければならない世界の大問題は、何といっても「**ロシアのウクライナ侵攻**」でしょう。まさか21世紀になって、このような世界史が大きく変わるような出来事が起きるとは思っていませんでした。

なぜロシアは軍事力で隣国を脅すようなことをするのか。ロシアのウラジーミル・プーチン大統領は何を考えているのか。

かつてプーチンは、**ソビエト社会主義共和国連邦（ソ連）の崩壊を「20世紀最大の地政学的な悲劇だ」**と評しました。彼は単に「北大西洋条約機構（NATO）の東方拡大を許さない」というだけではなく、ソ連が崩壊して東西冷戦が終わった後の、**〝欧米が主導する世界秩序〟を書き換えたい**と思っているように思えます。

振り返ると、ソ連が崩壊したのは1991年12月25日のこと。2021年末でちょうど30年が経ちました。若い人にとって、ソ連という国が存在していたのは「歴史上の出来事」なのですね。

ソ連は史上初の社会主義国家でした。社会主義国家とは、みんなが平等で格差や貧困のない社会を実現しようという国家です。しかし、それに失敗してしまいました。

■ソ連の消滅から30年、資本主義の問題が顕在化

ただ、ソ連という国家の存在は、資本主義の暴走を食い止めていたともいえるのです。

貧困と不正を根絶するための持続的な支援や活動を行っている国際団体オックスファムが出した「Inequality kills」という報告書（2022年1月）によると、新型コロナウイルス危機以降、各国政府が対策として16兆ドル（約2048兆円／1ドル＝128円で計算、以下他も同じ）の資金を投入して経済を支えようとしたことで、株価は上昇しました。しかし、その結果、2021年3月以降だけで富裕層の資産は8・6兆ドルから13・8兆ドルに、5・2兆ドル（約666兆円）も増えたといいます。**世界のトップに位置する1%の富裕層が、下位50%にあたる層の約20倍の資産を持つ**とされるいまの世界。社会主義が失敗して、資本主義が成功したといえるのでしょうか。金融緩和は、億万長者のポケットを満たしただけではなかったのか。

「株式市場の高騰、規制緩和、独占支配、民営化、租税回避、労働者の権利と賃金の低下が格差拡大の背景にある」「極端な格差は経済的暴力の一形態であり、少数の特権階級の富と権力を永続させる政策や政治的決定が、世界中の普通の人や地球そのものに直接的な害を及ぼすことになる」と、報告書は警鐘を鳴らします。

ソ連が存在していたときは、世界に現在のような〝超〟がつく格差は存在していませ

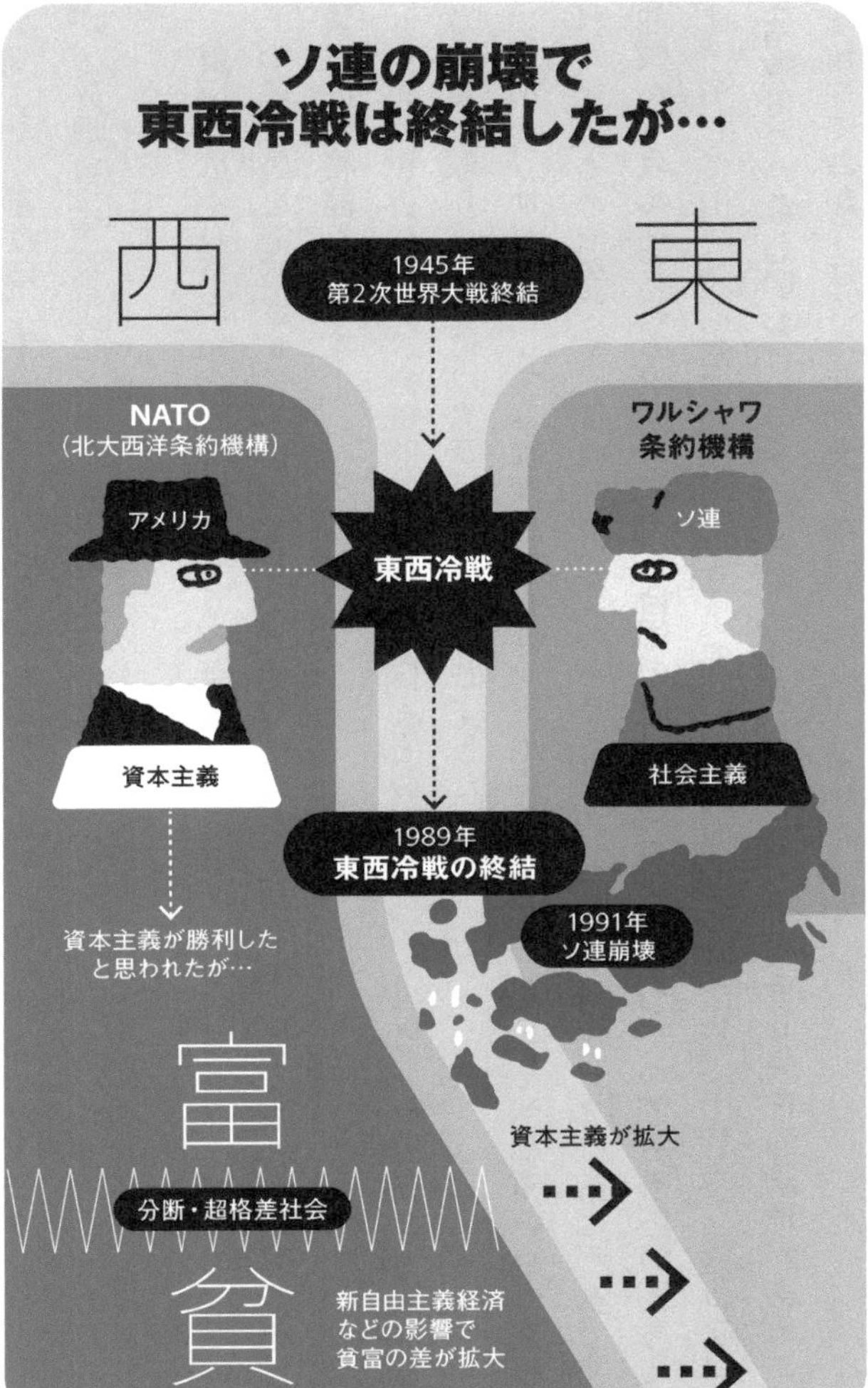
ソ連の崩壊で
東西冷戦は終結したが…
西
東
1945年
第2次世界大戦終結
NATO
（北大西洋条約機構）
ワルシャワ
条約機構
アメリカ
ソ連
東西冷戦
資本主義
社会主義
1989年
東西冷戦の終結
1991年
ソ連崩壊
資本主義が勝利した
と思われたが…
富
分断・超格差社会
貧
新自由主義経済
などの影響で
貧富の差が拡大
資本主義が拡大

んでした。それは、平等で一人ひとりの人間が大切にされる社会というソ連のイメージが、先進資本主義国に「革命の勃発《ぼっぱつ》を防がなければならない」という警戒感をもたらしていたからです。

貧困が広がれば民衆の不満は高まり、革命が起こるかもしれません。ソ連の崩壊は、その危機感を消滅させてしまいました。**その結果が、新自由主義の流れの加速であり、現在の超格差社会です**。

いま、世界はロシアを侵略的で粗暴な国だとみているでしょう。クリミア半島を軍事力で奪い取り、さらにウクライナに侵攻しました。

しかし、ロシアにしてみれば西ヨーロッパから攻め込まれ、さんざん痛い目に遭わされた歴史もあるのです。こうした歴史のトラウマがあるため、ロシアは常に不安です。他国から攻め込まれる事態に備え、**自国の周りに緩衝地帯をつくっておきたい**と考えます。そして伝統的な**南下政策**があります。極寒の地であるため、年じゅう**凍らない港（不凍港）が欲しい**わけです。ロシアにはロシアの論理、つまり**内在的論理がある**ことも知っておかなければなりません。

ロシアとウクライナの複雑な歴史については、第2章で詳しく解説することにします。

■ユーラシア・グループが発表した10大リスク

２０２２年、新年早々、日本のメディア各社は「ユーラシア・グループ」が発表した「世界の10大リスク」を報じました。**２０２２年の世界がどんなリスクを抱えているか、企業経営に影響がありそうな事象を、リスク度に応じて1位から10位までランキングしたもの**です。これが世界の大問題を概観するうえで参考になるので、あらためて私なりの視点でみていこうと思います。

ユーラシア・グループとは、アメリカの国際政治学者のイアン・ブレマー氏が率いる会社です。世界各国の政治や経済、安全保障について分析し、世界各地の大企業を顧客に、コンサルティング業務を行っています。私もイアン・ブレマー氏にインタビューをしたことがあります。

もともとはソ連や東ヨーロッパなど、ユーラシア大陸に関して専門に分析していたの

での名前がついているのですが、東西冷戦が終わった後は、世界全体を見渡していま
す。

そこで彼らは、今回のロシアをどうみていたのかというと、**リスクの5番目に「ロシア」、具体的にはプーチン大統領の外交政策**を挙げていました。

2021年の秋以降、すでにロシアはウクライナ国境に多数の兵士を配備して圧力をかけていました。やはりいつ戦争になってもおかしくないとみていたのです。

では、このユーラシア・グループが2022年1番のリスクに挙げていたのは何かというと、**「ノー・ゼロ・コロナ」、つまり中国のゼロ・コロナ政策の失敗**でした。

ちなみに、2021年のトップに挙げていたのは、「第46代アメリカ大統領」。これを振り返っておくと、2020年のアメリカ大統領選挙ではジョー・バイデンが当選しました。これに対してドナルド・トランプ前大統領は「盗まれたものだ。実際は自分が勝っていた」と主張しました。その結果、アメリカで大変な分断が進み、先行きが不安定になるだろうということを指摘していたのです。

つまり、**アメリカで46代目の大統領をめぐって混乱が起きることを最大のリスクと予**

測したのですね。ユーラシア・グループがこれを発表したのは1月4日だったのですが、その2日後の1月6日、熱烈なトランプ支持者たちが、選挙結果を覆そうと連邦議会議事堂に突入。まさに、ユーラシア・グループの予測が的中してしまいました。

２０２２年のリスクにおいても、真っ先にアメリカを挙げると思っていましたが、なぜ1位に「中国のゼロ・コロナ政策の失敗」を挙げたのか。

そもそも新型コロナウイルスの感染流行は２０２０年、中国の武漢《ぶかん》から広がり、世界が大混乱に陥りました。最初に確認された中国はロックダウンを実施して徹底的に感染を抑え込みました。一旦《いったん》は封じ込めに成功したのです。

世界の多くの国は、新型コロナウイルスの封じ込めに失敗し、多くの命が失われました。経済も落ち込み、感染症の怖さを思い知りました。ワクチンができて「ウィズコロナ」に切り替え、ようやく経済も回復基調にあります。

それとは対照的に、中国はゼロ・コロナ政策を推し進めた結果、経済もいち早く復活しました。しかし、いまもゼロ・コロナに執着していることで、かえって感染拡大の防止に四苦八苦しています。習近平《しゅうきんぺい》国家主席はなぜ「ゼロ・コロナ政策」を続けようとしているのか。

その理由は、中国製のワクチンにあります。中国製ワクチンは信頼性に欠けるため、「ウィズコロナ」の道を選ぶのはリスクが高すぎるのです。

■中国はなぜ「ウィズコロナ」を選択しないのか

中国は、**世界に先駆ける形で独自にワクチンを大量生産し、開発途上国に無償で提供**してきました。いわゆる「**ワクチン外交**」ですね。アフリカや中南米の国々は、アメリカが開発したファイザー社やモデルナ社のワクチンは高くて買えません。そこに中国が手を差し伸べ、ワクチンを提供する代わりに中国への支持を集めようとしたわけです。

ところが、とりわけ中南米の国々で中国製ワクチンを接種した人たちが、次々に新型コロナウイルスに感染しました。中には「水ワクチン」などと悪口を言っている人もいます。「水のようなもので効果がない」というのです。

ファイザーやモデルナは、**mRNA（メッセンジャーRNA）を使ってワクチンを開**

発しました。つまり最新技術を使ったのです。対して中国がつくったワクチンは、従来型の製造方法です。

私たちはワクチンを接種することで体内に病原体に対する免疫をつくり出すわけですが、たとえばインフルエンザのワクチンは、「不活化ワクチン」といって、インフルエンザウイルスの毒性を弱めたものです。人間の体に入っても悪さをしないような形にして接種するのです。すでにインフルエンザワクチンのつくり方はノウハウがあったため、中国はその手法を使って新型コロナウイルス対応のワクチンを開発したのです。

でも、考えてみてください。インフルエンザのワクチンを打っても、インフルエンザにかかることはありますね。私も過去に経験があります。ワクチンを打ったところで100％効果があるというわけではなく、よくて50～70％の効き目です。

中国がつくった新型コロナウイルスのワクチンは、武漢で最初に発見されたウイルスに対するワクチンです。**ウイルスは変異します**。インドで感染力の強い「デルタ株」が見つかり、南アフリカでは「オミクロン株」が発見されると、中国でも各地で感染が広がりました。この新しい変異型には中国製のワクチンはあまり効果がないと見られています。mRNAを使ったワクチンは2回、3回と接種することで感染する人も減ってくるといいます。ところが中国製のワクチンでは、それが期待できません。だから中国では、変異株に感染した感染者が見つかるたびにその都市全体をロックダウンして、必死に抑え込もうとするわけです。これではまるで、「もぐら叩《たた》き」です。

■新型コロナウイルスが国際物流に与えた影響

いまや中国は世界の工場です。**ゼロ・コロナ政策をとった結果、世界のサプライチェーンに大きな影響が出ました。**

多くの国は、小さな部品から完成品までさまざまなものを中国に発注しています。発注を受けて製造したものが、発注元に届かないのです。

新型コロナウイルスの感染が続く中、中国は何が何でも北京《ペキン》オリンピック・パラリンピック（2022年2月、3月に開催）を成功させたいこともあって、寄港船に対する水際対策を強化しました。コンテナ船が港に入ろうとしてもスムーズに入れない。港の外で順番待ちです。通常なら、荷物を降ろした空コンテナを再び中国に送り返します。しかしそのサイクルが遮断されてしまった結果、**世界的なコンテナ不足**になってしまいました。それならコンテナを新たにつくればいいじゃないかと思うでしょうが、コンテナの生産のほとんどは中国です。さらに、新型コロナウイルスによる経済活動の停滞からの回復に伴いコンテナ不足は深刻になりました。

中国がゼロ・コロナ政策をとろうとすると、結果、世界の物流に影響が出ることになる。中国がとった「ゼロ・コロナ政策」は、単に中国だけの問題ではないのだと、ユーラシア・グループは考えたわけです。

ちなみにインドはそもそもワクチン接種が進まなかった結果、大勢が新型コロナウイルスに感染しました。結果的に集団免疫ができて経済活動ができるような状態に戻ったともいわれています。ゼロ・コロナ政策をとった中国は、最初こそ最先端を走っているかのように見えましたが、むしろ逆効果になってしまったということです。

本来なら、中国がゼロ・コロナ政策を諦《あきら》めて、アメリカからファイザー製やモデルナ製のワクチンを買って打てばいいのですが、プライドが高い中国としてはこれらを導入することはないでしょう。これらのワクチンの使用を許可していません。

となると、**中国が世界のリスク要因となる状況は続くことになります**。グローバル経済活動を左右する中国。ロシアのウクライナ侵攻で、「台湾侵攻」の可能性についても注目が集まっています。中国については、第4章でみていくことにしましょう。

■巨大IT企業による支配

ユーラシア・グループが2番目に挙げた世界のリスクは「テクノポーラーの世界」(巨大IT企業の強まる影響力)でした。巨大IT(情報技術)企業というのは、グーグルやアマゾン、フェイスブック(現メタ)、アップルのGAFAに代表されるような**「デジタルプラットフォーマー」と呼ばれる企業のこと**ですね。巨大IT企業(テック企業、ハイテク企業とも呼ばれます)による支配が、なぜ新たなリスク要因なのか。

とくにコロナ禍で外出できない私たちはますますアマゾンでの買い物が増えるなど、GAFAに頼らざるを得ない生活が続きました。GAFAは**たくさんの顧客を抱えるこ**

とで個人データを独占し、市場を支配しています。

私たちがスマホやパソコンで検索をしたり買い物をしたりすると、同時にその履歴やデータが蓄積されます。企業はその大量のデータをビジネスに活《い》かしています。

欧州連合（ＥＵ）などは、個人情報を利用されることに対する嫌悪感を強めています。各国政府は何とかＧＡＦＡに対して規制をかけようとしていますが、ＩＴ企業はこれに反発しています。

加えて、これらのＩＴ企業は税金を払おうとしないのです。**ＧＡＦＡの課税逃れに対しては世界各国で反発**が広がっていて、ユーラシア・グループは各国政府との対立が深まるだろうと予測しています。なるほど、これも世界のリスクなのですね。

■アメリカの中間選挙が、２０２４年の大統領選挙に影響

３番目は、２０２２年11月に控える「アメリカの中間選挙」です。これは納得ですね。

何度もこのシリーズで解説してきましたが、あらためてアメリカの選挙制度を説明する

と、アメリカは州の権限が強い国です。「州」といっていますが50の「国」が集まっていると考えてください。そこで、**「州の代表」と「国民の代表」という2つの代表がいる、それがアメリカ連邦議会**です。

上院と下院からなり、国民の代表が下院で、任期はわずか2年です。2年で全員改選されるため、結局、下院議員は目先のことにとらわれがちです。どうやって次の選挙に勝つかという意識が強く、長期的に物事が見られないというデメリットもあります。

上院は州の代表で任期は6年、日本の参議院と同じです。じっくりと国のことを考えることができるようにしようというわけです。こちらは2年ごとに行われる中間選挙に合わせて3分の1ずつの改選になります。100人をちょうど3で割ることはできませんから、33人を選ぶ年と34人を選ぶ年があり、2022年は34人を選び直します。

2021年1月に発足したバイデン政権は、大統領と上下院、すべてを民主党が主導する、「トリプルブルー政権（民主党のシンボルカラーはブルー）」でした。正しくは、上院は50人対50人なのですが、ちょうど50対50になると何も決まらないので、そうなれば上院議長が判断することになっています。上院の議長は副大統領です。現在は、民主党のカマラ・ハリスです。法案が議会にかけられ50対50になると、カマラ・ハリスが賛成票を投じて法律を成立させることができるのです。

政権にとって安泰な環境が整っていたのに、バイデン大統領の支持率が低迷しているのはなぜなのか。

トランプ前大統領のとき、支持率はほぼ40％前後で推移していました。歴代大統領からみれば低いのですが、それでも熱烈な支持者がいたのでずっと40％前後を維持することができました。

バイデン大統領の支持率は2月になって一時40％を割り込みました。これを挽回《ばんかい》できないまま中間選挙に突入すれば、共和党が勝つことは明らかです。

現在の民主党優位の議会が逆転し、どちらも共和党が優位に立つのではないか。そうなればバイデン政権の施政を妨害するようになるでしょう。**アメリカ政治は混乱と停滞を余儀なくされます。弱いリーダーは世界にとってのリスク**なのですね。

さらに、共和党が多数を占めれば、２０２４年の大統領選挙には再びトランプが立候補するでしょう。となれば完全にアメリカは分断が進むことが予測されます。国内政治に必死にならざるを得ない状況になれば、対外政策にどれだけ力を注げるか。とくに力をつけた中国に対抗できるのか、疑問符がつきます。

アメリカについては、この次の第1章でみていきましょう。

■反米国家イランが中ロに接近

ユーラシア・グループは、4位に再び中国を挙げています。「ゼロ・コロナ政策の失敗」がトップでしたが、4位に挙げたのは「**中国の内政**」です。国内要因もリスクに挙げているのですね。どういうことか。

習近平国家主席は「**共同富裕《きょうどうふゆう》**」**というスローガン**を大々的に打ち出し、国民みんなを豊かにすると謳《うた》っています。これが実は世界経済にはリスクになるという見方をしているのです。習近平政権の狙いは何なのか、詳しくは第4章で解説します。

そして5位が前述のとおり「ロシア」、6位が「イラン」でした。

イランについての懸念は、**核開発をどうやってストップさせるのか**ということです。

第2次世界大戦が終結した後、核兵器を保有している5大国（アメリカ・旧ソ連・イギリス・フランス・中国）以外は、**新たな核兵器の開発や保有を禁止する条約が締結されました。「核拡散防止条約」**といいます。

実際には、秘密裏に核開発に成功した国はあります。インド、パキスタン、北朝鮮です。アメリカと親密な関係にあるイスラエルは、核兵器の保有を明らかにしていませんが、事実上の核兵器保有国といわれています。

イランはイラクの侵攻を受けた1980年代から核兵器の開発を進めてきたとされ、2002年、核開発疑惑が発覚しました。核兵器の材料として利用する高濃縮ウラン製造施設の存在が明らかになったのです。

イランは原子力発電所を稼働させるための「平和利用」だと主張しましたが、欧米などはこれを信じず、何とかイランの核開発をやめさせようと経済制裁をしながら交渉を続けてきました。そして2015年、**バラク・オバマ大統領の時代に「最低10年間の核開発停止」を約束する核合意にこぎつけた**のです。イランは核開発を大幅に制限する。その見返りに経済制裁を解除するというものです。イランと欧米などの国々が結んだもので、当時のオバマ大統領が交渉に大きな役割を果たしました。

しかしオバマのことが大嫌いなトランプが大統領になると、オバマのやったことを全部ひっくり返してやろうと、一方的にイラン核合意から離脱。アメリカと関係の近いイスラエルやサウジアラビアは、この合意はイランを利するものだと反発していたので、これを受けた行動でもありました。

核合意を守っていたイランにしてみたら、「せっかく歩み寄ったのに、どういうことなんだ」と再び対立する道を選び、ウランの濃縮を再開しました。

低濃縮ウランは原子力発電所の燃料になりますが、90%以上の高濃縮ウランはウラン型の核兵器（広島型原爆）になります。イランは20%程度の濃縮で止めていましたが、じりじりと濃度を高めています。一挙に高めると徹底的な対立になり、イスラエルが破壊しようとイランを攻撃してくるかもしれないからです。寸止めしながらアメリカからの経済制裁を解除させようとしています。

イランは、イスラム教シーア派の大国です。イランが核兵器を持つことになれば、イランと対立している**周辺のスンニ派のイスラム国家が危機意識を持ちます**。スンニ派の大国サウジアラビアは独自に核開発を進めているという話もあります。

一方、こんな話もあります。イランが核兵器を持てば、サウジアラビアはパキスタンから核兵器を手に入れる密約が結ばれているというのです。なぜ豊かとはいえないパキスタンが核兵器を開発できたのか。同じスンニ派国家のサウジアラビアが費用の大半を支援したからです。資金的な支援をする代わりに、もしイランが核兵器を持ったらパキスタンがつくった核兵器のいくつかをサウジアラビアに引き渡すという密約があることは、世界のインテリジェンス組織の間での常識になっています。

イランが持ち、周辺の国が「俺たちも持つ」となれば、**一段と核開発競争が広まってしまいます**。当然、世界にとってのリスク要因となります。

依然、緊張状態にある中東については、第3章で解説します。

■温暖化対策にはタイムリミットがある

7番目は「環境で二歩前進一歩後退」とあります。温暖化対策がリスクに入っているというわけですね。

「温暖化なんてしていない」という学者もいますが、国連の気候変動に関する政府間パネル（IPCC）は、人間が地球の気候を温暖化させてきたことに「疑う余地がない」とする報告を公表しました。

そこで**温暖化防止の国際的枠組みである「パリ協定」**（2015年）では、壊滅的な気候危機を防ぐため、**世界の平均気温の上昇を産業革命以前と比べて2℃以下、可能な限り1・5℃に抑えるという目標**を掲げています。

そのためには、2030年までに温室効果ガスの排出量を、2010年に比べ半減しなければなりません。つまり、半減できれば事態は改善できるという期待も出ているのです。

世界中の国々は地球温暖化を防止しようと、温室効果ガスを出す石油や石炭などの化石燃料の使用を減らす取り組みを始めました。たとえば電気自動車（EV）はその一環です。ガソリン車やディーゼル車など化石燃料を使用する自動車を、将来的にEVへ切り替えようというのです。

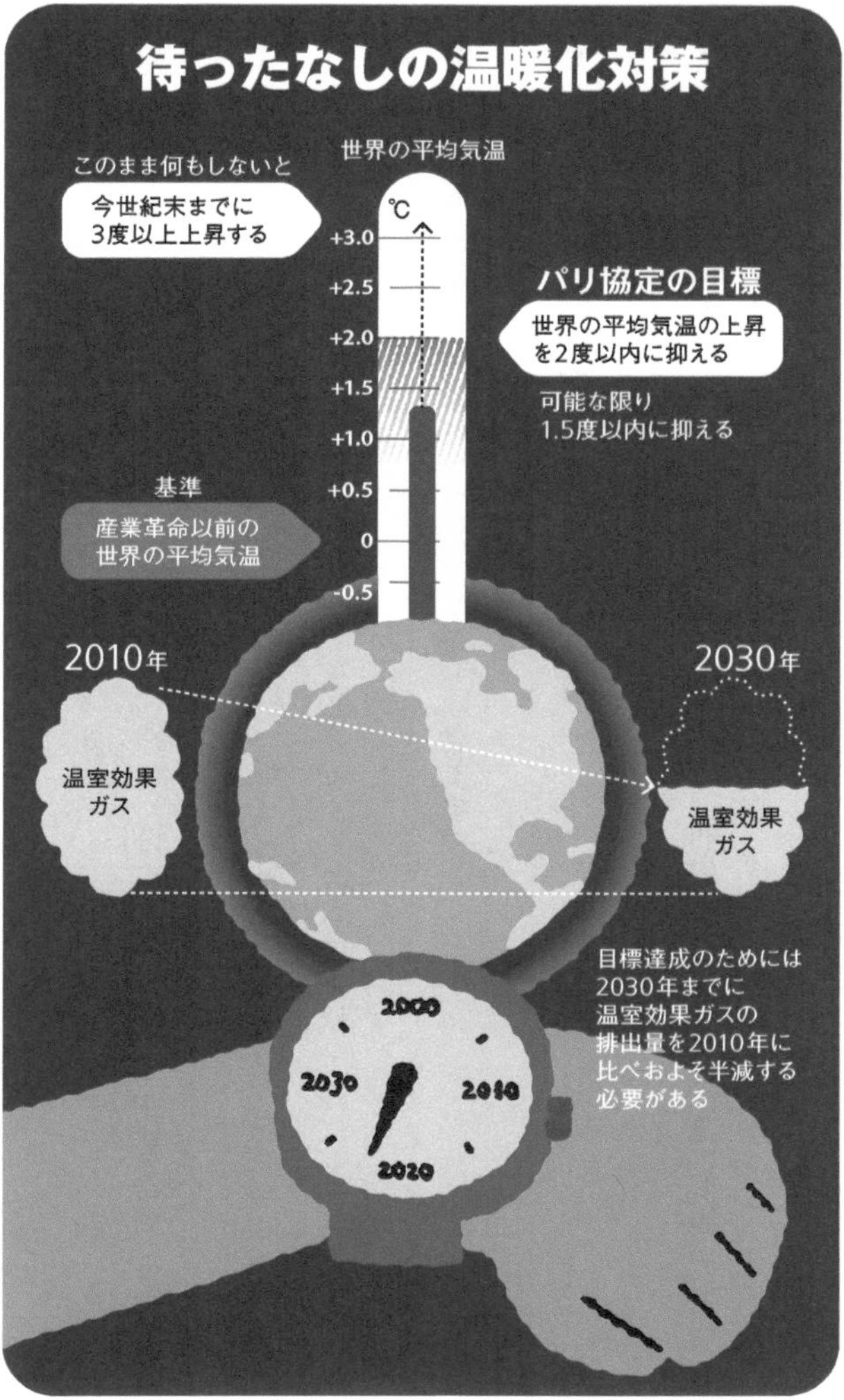
待ったなしの温暖化対策
世界の平均気温
このまま何もしないと
今世紀末までに
3度以上上昇する
℃
+3.0
+2.5
+2.0
+1.5
+1.0
+0.5
0
-0.5
パリ協定の目標
世界の平均気温の上昇
を2度以内に抑える
可能な限り
1.5度以内に抑える
基準
産業革命以前の
世界の平均気温
2010年
2030年
温室効果
ガス
温室効果
ガス
目標達成のためには
2030年までに
温室効果ガスの
排出量を2010年に
比べおよそ半減する
必要がある
2000
2010
2020
2030

ただし、電気自動車を大量につくるとなると、そのために大量の電気が必要になってきます。再生可能エネルギーで電気をすべて賄えるわけではありません。世界で脱炭素のために電気エネルギーが必要になり、そのためには石油や石炭が必要となってしまいます。

温暖化対策は避けて通ることはできません。前に進めるしかないのです。しかし二歩進もうとすると、短期的には石油や石炭が必要で、それらの価格上昇にもつながり、一歩後退もあり得るということです。

世界共通の課題については第5章でみていきます。

■アメリカが去った「空白地帯」を狙う国

8番目は「空白地帯」。これは、**アメリカが〝世界の警察〟を辞めたことで、世界各地に力の空白地帯が生まれている**ということです。

バイデン大統領はまだ内戦が続いている状態で**アフガニスタンからアメリカ軍を撤退**

させました。アメリカがアフガニスタンに介入したのは、9・11アメリカ同時多発テロ直後の2001年でしたから、あれからすでに20年が経っています。

アメリカは、この20年間で2兆ドル（約256兆円）を投下し、アメリカが出した死者は民間人を含め6000人に上るといわれています。

日本を含む西側諸国は大使館を閉鎖し、職員たちは国外に脱出しました。

そんな中、**主要国で大使館を維持したのは中国とロシア、それにイラン**です。空白地帯ができたので、すかさず食指を伸ばしているのですね。

また東南アジアのミャンマーでは軍事クーデターが起き、こちらも「空白地帯」が生まれています。アウンサンスーチー国家顧問ら政権の重要閣僚が国軍によって拘束されました。10年を費やしてきた民主化プロセスは何だったのか。**空白を狙っているのは中国**です。

ミャンマーは軍が実権を握っていますが、アフガニスタンは再び国際テロ組織の拠点になるかもしれません。**力の空白も、世界にとって大きなリスク**になります。

■生き残れない「文化戦争に敗れた企業」

9番目は「文化戦争に敗れた企業」です。これはおもしろい視点ですね。企業の社会的責任として当然、守らなければならないことを守れているか、**株主の目が企業文化に対し厳しくなってきました。**

最近は、「**ESG投資**」という言葉をよく目にします。ESG投資とは、従来の投資基準に加え、環境（Environment）・社会（Social）・ガバナンス（Governance）に対する企業の取り組み姿勢を判断基準に、投資をすることです。

たばこメーカーやアルコールメーカーをファンドに組み入れない投信もありましたが、いまは「脱炭素をどれだけ進めているか」など、**社会問題に企業が関与する動きがトレンドとなり、新たな投資基準となりました。**

コンプライアンスでいえば、人権を大事にしているかどうか。人種差別などに加担している企業の株式はボイコットされてしまいます。

中国の新疆《しんきょう》ウイグル自治区での人権問題が日本企業を揺さぶっています。新疆綿を使わないでコットンを獲得しようと思えば、コストが跳ね上がります。コストの上昇に耐えられる企業が生き残ることになるわけです。

これからの社会では、**文化戦争に勝てない従来型の企業は、敗北するのではないかと**いうことです。

■ヨーロッパか中東かアジアか、トルコの立ち位置

10番目はレジェップ・タイイップ・エルドアン大統領の独裁が進んでいる「トルコ」です。トルコは2021年の10大リスクにも入っていました。

トルコはNATOの加盟国です。東西冷戦が始まったとき、アメリカはソ連を封じ込めようとしてこっそりモスクワまで届く核ミサイルをトルコ国内に配備しました。これに対し、ソ連はキューバに核ミサイルを配備しました。いわゆる「キューバ危機」です。

1962年、**ソ連とアメリカが核戦争寸前まで追い込まれた**のです。当時のジョン・

F・ケネディ大統領はソ連がキューバのミサイルを撤去する見返りに、アメリカもトルコに配備していた核ミサイルを撤去するという密約を結びました。間一髪で核戦争は回避されるのですが、アメリカは**ソ連を封じ込めるためにトルコをNATOに入れる必要があった**のです。

その**トルコはいまロシアに接近**しています。NATO加盟国でありながら、ロシア製の防空ミサイルシステムを配備したのです。

本来、同盟関係にあるアメリカと対立し、NATO加盟国との関係が悪化しているのですね。トルコは急速に通貨のリラ安も進んでいて、非常に不安定な状態です。トルコが中東で新たな不安要素になるかもしれないということです。

「宏池会」が再び政権に戻ってきた

こうして世界の10大リスクをみていくと、幸いなことにというべきか、この中に日本が入っていないのですね。しかし、たとえばゼロ・コロナ政策の失敗で中国はどうなるのか、アメリカの中間選挙の結果がどうなるのか、ロシアとウクライナはどうなるのか、**中国やアメリカやヨーロッパで起こったことが、結局、回り回って日本のリスクになることがある**のです。混沌《こんとん》とする世界の中で、わが日本はどうなるのか、どうすればよいのか。

「知らないと恥をかく世界の大問題」シリーズでは、過去を振り返りながら今後を考えてきました。

岸田《きしだ》文雄《ふみお》内閣が何をしようとしているのか、ぜひ歴史をひも解いてみてください。

自由民主党（自民党）総裁になった岸田さんが会長を務めるグループが「宏池《こうち》会《かい》」です。宏池会といえば、もともと「池田《いけだ》勇人《はやと》を総理大臣にしよう」と旗揚げしたのが始まりです。岸田さんは広島県の出身ですが、池田勇人も広島県出身。彼は池田勇人のことを非常に尊敬しているのですね。

池田勇人が何をしようとしていたか、あるいはその後継者の大平正芳《おおひらまさよし》が何をしようとしていたか、岸田さんは熱心に研究しています。

岸田首相は就任後、「新しい資本主義の実現」を経済政策として掲げました。これは言い換えれば「新自由主義からの脱却」です。賃上げなど、人への投資を強化していく。これはまさに1960年代に池田勇人が目指したことです。

岸信介《きしのぶすけ》内閣の時代、60年安保改定をめぐって社会が分断されました。その後、総理になった池田勇人は「所得倍増計画」を掲げて国民の融和を目指しました。**「政治の季節」から「経済の季節」へと舵《かじ》を切った**のです。

■立憲民主党と61年前の社会党の敗北が重なる

慌てたのが当時の野党第1党の社会党でした。岸内閣のとき、社会の分断・経済格差の是正、貧困対策を訴えていたのに、池田内閣のぶち上げた「所得倍増計画」ですっかり争点を失ってしまいました。自民党が選挙で勝ち、社会党は政権から遠く離れることになってしまいました。

今回、岸田首相が掲げたのはいわば「令和版所得倍増計画」です。「みなさんの声を聞きます」「給料を上げます」と言ったとたん、対立の構造が曖昧《あいまい》になり、立憲民主党は議席を減らしました。立憲民主党は、安倍晋三《あべしんぞう》・菅義偉《すがよしひで》内閣で拡大した格差を批判し「分配政策」に踏み切るべきだと主張していたのに、お株を奪われた格好です。

あるいは岸田内閣の目玉政策のひとつに「デジタル田園都市国家構想」があります。これは大平正芳首相の「田園都市構想」のデジタル版と考えれば、同じ派閥出身の2人の総理大臣を意識していることがわかります。

岸田内閣が何をやろうとしているかは、そのまま適用はできないものの**半世紀前の池田内閣、大平内閣で何をやったかを見ればわかると思います。**

現代日本が抱えている問題については第6章で解説します。

さて、未来は不透明で予測不可能ですが、「混沌とした状況を打破しよう、何とか改善しよう」とするのは結局、人間です。その人間が何から学んでいるかといえば、過去からです。

歴史を学ぶことによって、政治家たちが何をしようとしているかもみえてくるようになるのではないでしょうか。それが歴史を学ぶ意義です。**先人たちは、失敗や成功を繰り返し、その貴重な経験を「歴史」という形で私たちに残してくれました。**

未来のことを知りたければ歴史を学ぶ。近年、1強の超大国であったアメリカの覇権が揺らぎつつあります。世界を巻き込む米中の覇権争いはどうなるのか。まずは、迷走する最強国家・アメリカからみていくことにしましょう。

第1章　どうなるバイデン政権の今後

■アメリカは大統領より議会が強い国

2022年の11月、アメリカで中間選挙があります。この前、大統領選挙があったばかりなのに、「もう?」という感じですね。アメリカの大統領選挙は4年に1度で、その大統領任期の真ん中にある選挙だから中間選挙と呼ばれます。上下両議院の選挙です。

アメリカの政治体制がどんな仕組みになっているのか、意外と多くの人が知らないようなので説明しておきましょう。

アメリカは日本と同じ三権分立です。「立法権（国会）」「司法権（裁判所）」「行政権（内閣）」を分けて、お互いを監視しよう、それぞれの独立を守ろうという政治体制です。

でも、日本は議会制民主主義です。私たちが国会議員を選び、その国会議員が内閣総理大臣を選ぶ。だから議会と内閣が、完全に分立しているとはいえません。その点、アメリカというのは**大統領も議員も、別々に国民が直接選ぶ仕組み**で、三権の分離がより厳格になっています。

中でも議会の力が強いのですね。議会が圧倒的な力を持っていて、たとえばアメリカの大統領に法案の提出権はありません。日本だと、法案提出権は国会議員にも内閣にもあって、とくに予算案は内閣が提案します。アメリカは大統領に予算案をつくる権限はないので、大統領は議会へ行って「**予算教書演説**」をします。大統領として「こんな予算をつくってください」とお願いするのです。この演説を受けて、「じゃあ、議会としてどうする？」ということを考えるわけです。しかし連邦議会で可決された法案は、大統領の署名を得て初めて発効するという仕組みです。

また、日本の場合は、総理大臣が都合のいい時期を選んで衆議院を解散する「解散権」を持っています。解散が行われるとすべての衆議院議員は任期満了前であっても議員としての地位を失います。

しかしアメリカの大統領に解散権はありません。そもそも**連邦議会には解散という仕組みがないので、２年ごとに必ず国政選挙が行われる**のです。

■10年に1度の国勢調査、テキサス州は2議席増

アメリカ議会は、上院と下院からなります。上院は古代ローマの「元老院」が語源です。日本にあてはめれば参議院です。下院は「代議院」とも訳されます。日本でいうと衆議院にあたります。

ワシントンD.C.が首都になる前、アメリカの首都はフィラデルフィアにありました。そのころはまだ、アメリカには50州もなかったのです。アメリカは、イギリスにいられなくなったピューリタン（清教徒）たちが北アメリカ大陸の東海岸にやってきて、最初は東部13州から始まりました。それから西へ西へと開拓していって現在の50州になりました。だから最初は、上院も下院もいまよりはるかに少ない議員数でした。

議会が使用していた2階建ての建物が小さかったため、議員数が多い代議院が1階を使い、元老院が2階を使用する。それがそのまま現在の「上院」「下院」と呼ばれるようになりました。

その後、恒久的な首都をつくろうということになり、どこの州にも属さない首都にしようと、メリーランド州の端をメリーランド州から独立させてワシントンD.C.をつくったのです。「ワシントン州」と混同しないように、D.C.をつけました。これは「特別区」（District of Columbia）の頭文字です。

今回の中間選挙では、**上院議員3分の1（34人）と下院議員全員を同時に選び直します**。上院の議席数は100。50州からそれぞれ2人ずつが選ばれます。下院の議席数は435で、各州の人口比率に応じて配分されます。現在、いちばん人口が多いカリフォルニア州は53人、いちばん少ないアラスカ州ほか7つの州は1人となっています。不公平な感じもしますが、上院議員のほうは小さな州からも2人、大きな州からも2人ですから、そこでバランスをとっているのですね。

でも、州の人口は当然増減がありますから、下院の各州に割り当てられる議席数は10年に1度、国勢調査によって修正されます。

国勢調査の結果、カリフォルニア州はこれまで53議席でしたが、1人減って52議席になる予定です。テキサス州は2議席増える予定です。

テキサス州は個人の所得税を課していないことで知られています。節税のためあちこちから移住していますから、今回増えて38議席になります。

テキサスは伝統的に共和党が強い保守的な州でしたが、最近は高学歴のIT関係の技術者や中南米の移民たちが増えています。彼らの多くは民主党支持者。もしかしたら今回あたり、民主党が強いブルーステイト（共和党が強い州はレッドステイトと呼びます）になるかもしれません。したがって、**テキサス州は中間選挙の注目州のひとつ**です。

■共和党がどこまで議席数を伸ばすか

2022年の中間選挙では、まず**下院は共和党が逆転して多数になると予測されています**。現在の議席数は、219対212でかろうじて民主党が多数派です。一方、上院は50対50。この上院では、共和党のベテラン議員が5人リタイアする予定です。選挙に出ないのですね。さらに2人高齢の議員がいて、仮に現職7人が選挙に出ないとなると、そこに新しい候補を立てなければなりません。新人が立候補しても支持されるかどうか。

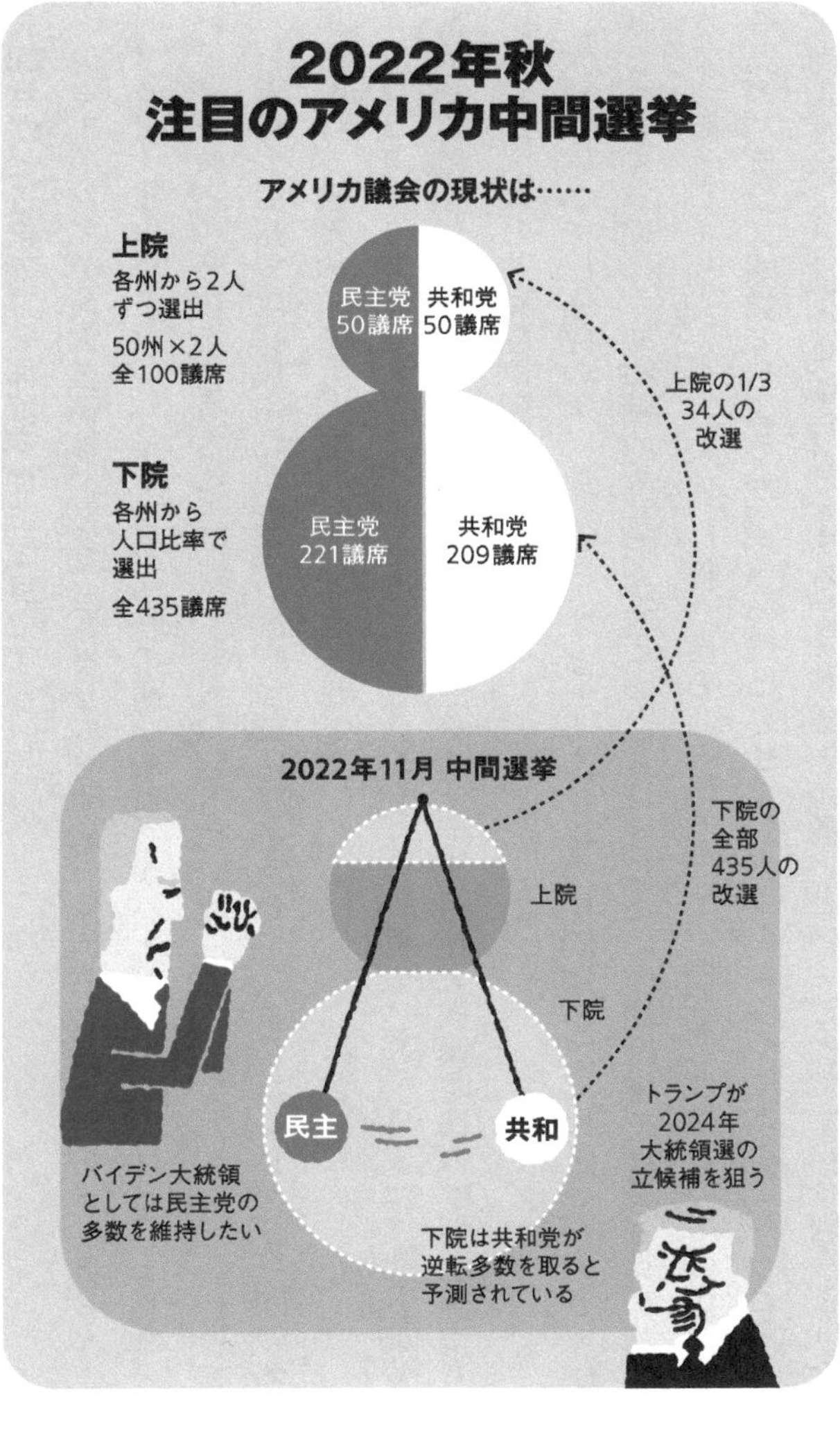
2022年秋
注目のアメリカ中間選挙
アメリカ議会の現状は……
上院
各州から2人
ずつ選出
50州×2人
全100議席
民主党
50議席
共和党
50議席
下院
各州から
人口比率で
選出
全435議席
民主党
221議席
共和党
209議席
上院の1/3
34人の
改選
2022年11月 中間選挙
上院
下院
下院の
全部
435人の
改選
民主
共和
バイデン大統領
としては民主党の
多数を維持したい
トランプが
2024年
大統領選の
立候補を狙う
下院は共和党が
逆転多数を取ると
予測されている

共和党がどこまで票を伸ばすかに注目です。

ジョー・バイデン大統領は、どうも弱々しいですね。支持率の低下が止まりません。

２０２１年11月２日、バイデン政権初の州知事選挙がバージニア州で行われました。バイデン政権の今後を占うものとして、私も注目していました。

バージニア州では、民主党が近年の選挙では圧勝を重ねてきました。しかし今回の知事選では、接戦の末に共和党候補が勝利しました。

実は２００９年にも同じことが起きています。民主党が強かったバージニアの州知事選挙で共和党が勝利したのです。その翌年、バラク・オバマ大統領時代の中間選挙でも、民主党が大敗し共和党が勝ちました。

大統領選挙で民主党の大統領が当選すると、２年後の中間選挙では民主党が大きく議席を減らす。逆に、共和党の大統領が誕生すると、２年後の中間選挙では民主党が躍進する。そういう構造があります。〝揺り戻し〟というのか、振り子理論というのか、**選挙民のバランス感覚でしょうか**。「いい気にさせてしまったから今度はちょっとお灸《きゅう》をすえよう」、そういう投票行動をするアメリカ人が多いということです。今回もそうなる可能性は高いでしょう。

しかし、例外がありました。ジョージ・W・ブッシュ（息子）が大統領のときです。2002年の中間選挙でも、ブッシュ大統領率いる共和党が勝利したのです。

ブッシュ（息子）大統領のとき、9・11アメリカ同時多発テロが起き、アメリカ国民は大きな衝撃を受けました。ブッシュが「テロとの戦い」を国民に訴えると、「この際大統領のもとに集結しなければならない」という意識が高まりました。その結果、共和党の大統領のもとで中間選挙も勝たせようと、上院で共和党が過半数を奪回。下院でも過半数を維持しました。極めて例外的なことです。

■バイデン大統領になったとたん、ニュース番組の視聴率が低迷

アメリカではバイデンが大統領になったとたん、ニュース番組の視聴率が低迷したということがあります。アメリカのニューステレビ局では、保守系FOXニュースは共和党寄り、リベラル系のCNNは民主党寄りの報道をすることで知られています。しかし

ドナルド・トランプが大統領のときは、どちらも視聴率が高かったのです。トランプが落選したとたん、共に視聴率の低下に苦しんでいます。ある意味、**アメリカのニュース界で「トランプ・ロス」のようなことが起こった**のですね。

考えてみると、私もトランプ政権時代はニューヨーク・タイムズとワシントン・ポストの電子版を毎日チェックしていました。思いもよらないことを次々に言うので「今日はトランプさん、どんなことを言ったんだろう」と気になってしまったのです。

アメリカでは、中間選挙で共和党が多数を占めれば、**2年後の大統領選挙にまたトランプが立候補するのではないか**といわれています。まさかアメリカの主要メディアは「視聴率男が戻ってくる」と、期待してはいないでしょうが。

■期待外れ？　バイデン支持率低迷の理由

なぜバイデン大統領の支持率が低迷してしまったのか。理由は大きく2つあると思います。**ひとつは、アフガニスタンからの完全撤退時の混乱**です。

バイデン大統領は2021年、20年にも及んだ「アメリカ史上、最も長い戦争」といわれたアフガニスタンでの戦争を、強制的に終わらせました。事実上の敗北です。アメリカ国内でダラダラと戦争が続くことに対する厭戦《えんせん》気分が高まっていて、とにかく撤退しないと政権が持たない状態になっていました。でも撤退の仕方があまりに拙速でした。大失敗ですね。支持率下落の大きな原因になりました。

「軍事大国」アメリカが、なぜアフガニスタンで敗北したのか。アフガニスタン戦争をおさらいしておきましょう。

2001年9月11日、アメリカ同時多発テロが起きました。イスラム過激派によって旅客機4機が同時にハイジャックされ、ニューヨークの世界貿易センタービルに、このうち2機が突っ込んだのです。ワシントンD.C.の国防総省の建物にも1機が突っ込みました。残り1機は、乗客が機内で抵抗し、墜落しました。

当時のアメリカ大統領だったブッシュ（息子）は、テロを首謀したのは、アフガニスタンに潜伏していた反米テロ組織アルカイダの指導者オサマ・ビンラディンと断定しました。

ブッシュ政権は、アフガニスタンを支配していたタリバン政権に、オサマ・ビンラディン容疑者の身柄の引き渡しを要求します。しかし、タリバン政権はこれを拒否。怒ったブッシュ大統領は「テロリストをかくまう者も同罪だ」と、アフガニスタンを攻撃したのです。激しい空爆により、タリバン政権はすぐに崩壊しました。

アメリカはタリバン政権を崩壊させた後も、アフガニスタンにアメリカ軍を駐留させました。アフガニスタンを安定した国にすることが、テロ対策にもつながるという考えからです。タリバンの一部は、隣国パキスタンの国境地帯に逃げ込みました。

一方、ビンラディン容疑者はゆくえがわからなくなるのですが、やはりパキスタンに潜伏していることがわかります。彼が潜伏先のパキスタンでアメリカ軍の特殊部隊に殺害されたのは、２０１１年5月のことでした。事件から10年近くが経っていました。

タリバン政権を倒したアメリカは、アフガニスタンに親米政権を樹立していました。しかし反タリバンの軍閥の寄せ集めであった親米政権の腐敗はひどく、軍の建設もままならない状態が続いてきました。

片や、生き残っていたタリバン兵たちは全国に散って潜伏し、再起のチャンスを狙っていたのです。

■やっとアメリカ軍はアフガニスタンから撤退できたが

ブッシュ（息子）大統領は、**同時多発テロ事件から２年後の２００３年にも戦争を始めます。今度はイラクです。**

イラクのサダム・フセイン大統領を敵視していたブッシュ（息子）大統領は、「イラクが大量破壊兵器を開発・保有している」と言って攻撃します。このとき、アフガニスタンに駐留していたアメリカ軍の大半を、イラクに転進させたのです。このため「空白地帯」となったアフガニスタンでは、タリバンが勢力を盛り返し、再び国土の大半を支配するまでになりました。

アメリカ軍はピーク時には10万人規模の部隊が駐留していました。犠牲になったアメリカ兵は２５００人以上に上っています。アフガニスタンにはアメリカ軍以外にも北大西洋条約機構（ＮＡＴＯ）の軍隊が駐留していましたが、２０１１年にビンラディン容疑者を殺害したこともあり、2014年末には大部分が撤退しています。奇《く》しくも、この年にロシアがクリミア半島を併合するのです。

結局、イラクは大量破壊兵器を開発していませんでした。今回、ロシアのウラジーミル・プーチン大統領は、アメリカがイラクを攻撃することが許されるのであれば、自分もウクライナを攻撃しようという気になったともいわれています。

アメリカは長引く「テロとの戦い」に疲れていました。戦費はかさむし、アフガニスタンには資源もないのでアメリカにとってメリットはありません。当初は賛成していたアメリカ国民も、次第に戦争を疑問視するようになっていったのです。

バイデン大統領は、「同時多発テロから20年を迎える9月11日までにアフガニスタンの駐留アメリカ軍を完全撤退させる」と表明し、実際、**2021年8月末には完全撤退**させました。

バイデン政権にダメージを与えたのは、撤退時のドタバタでした。アフガニスタンには大使館員やアメリカ政府に協力した数千人のアフガニスタン人が残っていました。彼らはアフガニスタンに留《とど》まっていたら、タリバンの報復を受ける恐れがあります。

アフガニスタン撤退がもたらしたもの

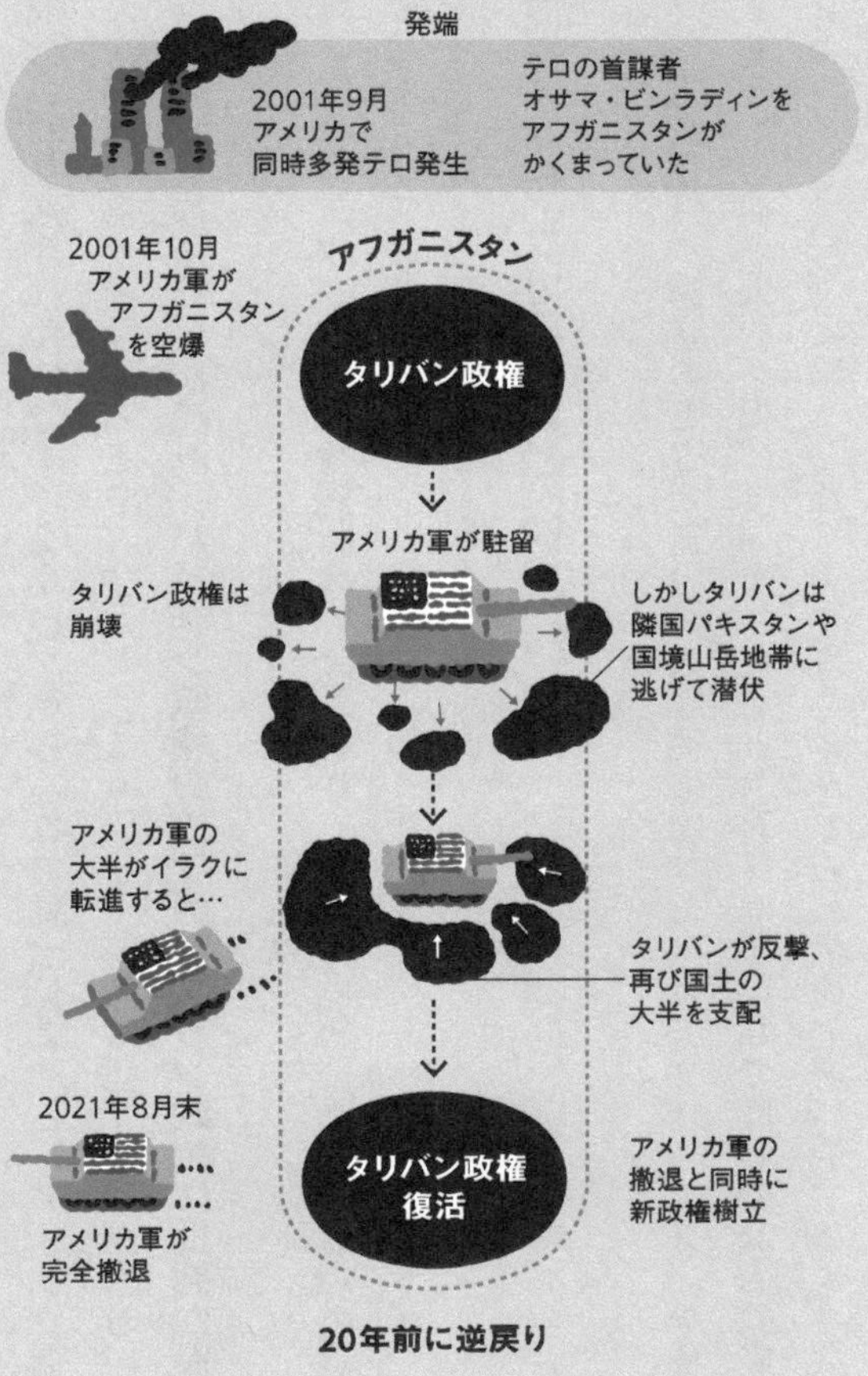
発端
2001年9月
アメリカで
同時多発テロ発生
テロの首謀者
オサマ・ビンラディンを
アフガニスタンが
かくまっていた
2001年10月
アメリカ軍が
アフガニスタン
を空爆
アフガニスタン
タリバン政権
アメリカ軍が駐留
タリバン政権は
崩壊
しかしタリバンは
隣国パキスタンや
国境山岳地帯に
逃げて潜伏
アメリカ軍の
大半がイラクに
転進すると…
タリバンが反撃、
再び国土の
大半を支配
2021年8月末
アメリカ軍が
完全撤退
タリバン政権
復活
アメリカ軍の
撤退と同時に
新政権樹立
20年前に逆戻り

アメリカ政府は避難者を退避させるための輸送機を送ったのですが、空輸作戦がうまくいかず大勢が取り残されたのです。タリバンから逃れて脱出しようと、アメリカ軍兵士が乗った軍の飛行機が離陸するとき、すがりつこうとして落ちて亡くなった人もいました。ニュースで悲惨な光景が流れ、**バイデン政権のアフガニスタン政策に批判が高まりました。**

ただし、アフガニスタンからの撤退はオバマ政権からの既定路線でした。撤退の道筋をつけたのはトランプ政権です。

■アメリカが去ったアフガニスタンでは

トランプ前大統領は、選挙のとき、自分が大統領になったら「アフガニスタンから兵士を撤退させる」という公約を掲げていました。トランプは4年間で自分の公約のすべてを実現しようとして行動に出ました。アフガニスタンの政権を一切無視するような形で、直接タリバンと話をつけたのです。中東の国カタールにタリバンの出先機関があり、そこでタリバン側と交渉しました。

トランプは「アメリカ・ファースト」ですから、とにかく撤退させたい。もう関与したくない。でも、アフガニスタンの政府にしてみれば、タリバンが怖くてアメリカ軍に残ってほしいわけですから、政府と話をすれば撤退できなくなることは目に見えています。

バイデン大統領も、「もう決まったことだから」と、この件に関してはトランプの方針を引き継ぎ、さっさと撤退を進めました。**要するにアフガニスタンを見捨てたのです。**

新型コロナウイルスが広がる前、アメリカ取材に行った際、地方でテレビを見ていたら、「わが州出身の○○という人が戦死しました」ということがローカルニュースになっていました。あらためて「アメリカはいまも戦争をしているんだな」と実感しました。

アメリカは数々の戦争をしてきましたが、第1次世界大戦、第2次世界大戦、朝鮮戦争、ベトナム戦争より長い戦争を、アフガニスタンで戦っていたのです。

ちなみにバイデン大統領が２０２１年、「9月11日までに駐留アメリカ軍をすべて撤退させます」と宣言したとき、トランプは「それは俺が話をつけたんだ。俺の功績だ」

と自慢していました。それが実際に撤退するとき大混乱になったのを見て「バイデンはやり方がへたくそだ。俺ならもっとうまくやる」と激しく批判しました。

アメリカが去ったアフガニスタンでは、再びイスラム原理主義勢力タリバンが権力を掌握しています。20年経って、結局、逆戻りしてしまったのです。それどころか、タリバンに対する利益供与を禁じた経済制裁によって食料品や薬品が枯渇し、アフガニスタンは**過去最悪の人道危機に陥っています。**

日本もカタールでタリバンと交渉し、日本に協力したアフガニスタン人たちを少しずつ救出しました。その人たちをどうするか。日本国内で定住できるようにするのか、アメリカに送るのか、政府が頭を痛めています。

■バイデンの「ニューディール政策」

バイデン大統領の支持率低迷の**もうひとつの理由は、国内問題**です。バイデン大統領は、社会保障プログラム拡充やインフラ整備など、**巨額の財政出動を次々と繰り出しま**

した。アメリカ経済を復活させたフランクリン・ルーズベルト大統領の「ニューディール政策」に匹敵する大規模な政策を打ち出すことで、アメリカを復活させようとしたのです。

日本も、高度成長期につくった橋などのインフラが老朽化して問題になっていますね。アメリカも通行料無料のフリーウェイはガタガタで穴ぼこだらけ。水道管もあちこちで穴が開いて水が溢《あふ》れたり、インフラが相当傷んだりしています。

もっとも、アメリカの共和党というのは、代々「財政状態は健全でなければならない」という考えなので、予算をめぐって民主党の大統領と意見が一致することはほとんどありません。しかし民主党の中には、経済をよくするためにはまだ足りないという人もいれば、一方で〝巨額のバラマキ〟だという人もいる。

他の法案にしても、共和党は「反民主党」でまとまるのですが、いまの民主党にはバーニー・サンダースのように自らを民主社会主義者だという「民主党左派」もいれば、「社会主義なんてとんでもない」という中道派もいて党内が分裂しています。**結果的に民主党は党内をうまくまとめられず、失望感から支持率も低迷している**のです。

バイデンを助けるために妥協をしようという人もいますが、自分の意見を通したい人が結局、バイデンの足を引っ張っています。

日本の場合は「党議拘束」というのがあります。自民党にしても立憲民主党にしても、何か法案ができたらそれぞれの政党が党としての方針を決めます。個人的には違う考えを持っていても、「賛成票を入れる」、「反対票を入れる」と党でまとまったら、党の方針に従います。ところがアメリカには党議拘束がありません。共和党の議員も民主党の議員も、自分の考えで自由に投票します。結果的に反旗をひるがえす人がいると、なかなか政策実現のめどが立たないということがあります。

バイデンは**民主党内での中道派と進歩派の板挟み**になっている。**国民からすれば「バイデンは指導力がない」**と映ってしまいます。

あるいは、新型コロナウイルス対策に関しても、バイデンなら何とかしてくれるのではないかと期待していた人にとっては期待外れでした。バイデンになれば「脱トランプ」「科学重視」で対策が進むとみられていましたが、デルタ株からオミクロン株に置き換わると、再び感染者が増え、がっかり感が広がりました。

アメリカ人というのは本当にマスク嫌いなのですね。２０２０年2月、大統領選挙の取材でアメリカ各地を回りました。ちょうど中国で新型コロナウイルスが広がり始め、日本でも感染者が増えてきたころです。日本人は花粉症対策でマスクをする人も多いので、何の違和感もありません。しかしアメリカでマスクをしていると重病人であると思われてしまいます。本来は病院に入院していなければならないのに、たまたま外出が認められた人というイメージです。

ワクチンに関しても強制されることに強烈に反発する人たちが一定数います。ワクチンを打つか打たないかは個人が決めることであって、国が強制することではない。個人主義というか、個人の権利を大事にする。場合によっては、それは素晴らしいことなのですが、**感染症に関してはそれが逆にマイナスになっている**ということです。

テキサス州などは州知事自らが反対しています。マスクをすることを義務付けた学校には罰金を科す。そんな状況なので、新型コロナウイルスもなかなか収まりません。それがアメリカという国なのです。

■アメリカで広がる「中絶禁止」州

アメリカ軍がアフガニスタンから完全撤退したニュースが連日伝えられる中、アメリカ国内ではまた、別のニュースが大きく報じられました。アメリカ南部テキサス州の**「中絶禁止法」をめぐる論争**です。

いまアメリカで大変な議論になっているのが、妊娠中絶が憲法違反かどうかという問題です。**アメリカでは南部の州を中心に、人工妊娠中絶を規制する法律が次々と制定**されています。

アメリカでは妊娠中絶は「殺人」に該当するとして、強く反対するキリスト教保守派が影響力を持っています。こういう考え方の人の多くは共和党支持者です。一方、「中絶するかどうか判断するのは女性の権利」と考える人たちの多くは民主党支持者です。

結果、中絶はアメリカの世論を二分する問題で、**中絶を認めるかどうかが、共和党と民主党の対立の火種に**なっているのです。

２０１６年のアメリカ大統領選挙の前年、私はアメリカ中部アイオワ州の共和党の党員たちの会合を取材したことがあります。そこで私は参加者たちに「大統領をどんな基準で選びますか？」と聞いて回ったのですが、その多くの返事は「同性婚と妊娠中絶を認めない候補であること」でした。

こんな中、テキサス州の中絶禁止法は全米で最も厳しいとされていました。

その内容を説明すると、まず「妊娠6週目以降の中絶は禁止」（正確には、胎児の心拍が確認されてからの人工妊娠中絶を禁止する、としている）です。

妊娠6週目といえば、妊娠していると気づくかどうかギリギリのタイミングです。多くの女性は6週目ではまだ妊娠に気づきません。気がついたときには中絶できなくなっているというわけです。

しかも、この法律が問題なのは「性的暴行などによる妊娠も例外ではない」こと。性的暴行や近親者による性的虐待で妊娠しても中絶は認められないのです。

さらにこの法律では、妊娠6週目以降に中絶手術を行った医師だけではなく、中絶を希望する女性を医療機関へ連れて行った人も訴えることができるようになっています。

家族であろうが、妊婦を乗せたタクシーの運転手であろうが、中絶を「手助け」した人や「幇助《ほうじょ》」した人は、アメリカ国民であれば誰もが訴訟の対象となるのです。アメリカ人であれば誰でも訴訟を起こすことができ、1万ドルが損害賠償請求額の上限としています。

この法律をめぐって、テキサス州の医師らは差し止めを求めていましたが、連邦最高裁判所が判断を示さなかったことから、2021年9月1日、予定通り法律が発効しました。

■トランプ前大統領の〝置き土産〟が機能

最高裁は9人の判事で構成されています。今回、法律を差し止めるべきだと主張した判事が4人だったのに対して、差し止めを認めなかった判事は5人。**5対4で差し止めは認められなかった**のです。

最高裁判事は終身任期です。トランプ前大統領が保守派判事3人を指名したことで、保守派6人、リベラル派3人と保守に大きく傾いています。ちなみに今回、差し止めるべきではないと判断した5人の中には、トランプが指名したエイミー・バレット判事も含まれています。彼女は2020年、がんのため87歳で亡くなったリベラル派のルース・ベイダー・ギンズバーグ判事の後任として選ばれ、以前から妊娠中絶に反対の立場であることが知られていました。見事にトランプ前大統領の〝置き土産〟が機能したのですね。

アメリカ政府は、テキサスの中絶禁止法は憲法違反だと訴えていますが、**共和党が議会で多数を占めている他の州でも同じような法律が施行される勢いです。**

事実、2022年4月にオクラホマ州では人工妊娠中絶を違法とし、実施した場合は最大10万ドル（約1280万円）の罰金または最大禁錮《きんこ》10年、あるいはその両方で罰せられるという重罪になりました。

中絶問題では、過去には、中絶手術を施していた医師が、中絶に反対する過激派によって射殺された事件がありました。「胎児の命を守れ、だから中絶はするな」と主張している人が、お医者さんを殺すのですから矛盾しています。

これもまた「日本人の知らないアメリカ」です。

■米中対立のゆくえ「東風は西風を圧倒する」か

バイデン大統領は、どちらかというと**アメリカ型民主主義の理念を世界に広めたいと考えている**ようです。しかしアフガニスタンをみればわかるように、アメリカ型の民主主義は必ずしも受け入れられるわけではないのですね。

中国もアメリカ型の民主主義の国になるだろうと思っていたら、甘かったですね。

日本でつくった世界地図を見ると、日本が真ん中にあります。アメリカが右にあって、中国が左側にある。しかし**世界ではヨーロッパが中心の世界地図がグローバルスタンダード**です。これを見ると中国は東にあって、アメリカは西にあります。

第2次世界大戦後、東西冷戦が続きました。東西冷戦の東というのは、中国、あるいはソ連のことをいいました。そして西はアメリカと西ヨーロッパです。

当時、中国は毛沢東《もうたくとう》時代。毛沢東の有名な言葉があります。「東風は西風を圧倒する」。

この世界には2つの風が吹いている。東風と西風だ。つまり東の社会主義陣営が西の資本主義陣営に勝つのだ、と言いたかったのでしょう。

現在、中国が持っているアメリカ本土を射程に収める大陸間弾道弾には、「東風」という名前がついています。その後のバージョンアップに伴って、5号や9号と数字は変わっていくのですが、これが中国をイメージしているというか、シンボルになっているということを知っておいてください。

世界第1、世界第2の大国である**アメリカと中国は、関係を悪化させ、その対立は「新冷戦」とも呼ばれています**。しかし経済的にはアメリカは多額の対中貿易赤字を抱えていて、強い依存関係にあります。経済的には決定的な対立をするわけにはいかないというのが両国の事情です。

■アメリカが呼びかけた「外交的ボイコット」とは

アメリカは2022年に開かれた北京オリンピック・パラリンピックに**政府関係者を**

派遣しない「外交的ボイコット」を表明しました。

過去には、政府関係者どころか選手団を派遣しない「ボイコット」が行われたことがあります。まずは1980年夏のモスクワオリンピックです。アメリカ、日本、西ドイツなどの西側諸国は、選手団を派遣しませんでした。その前年の1979年12月、当時のソ連がアフガニスタンに侵攻したからです。当時のアメリカのジミー・カーター大統領は、オリンピックのボイコットを世界に呼びかけ、日本も選手団を派遣しませんでした。

このときオリンピックに出れば金メダル間違いなしといわれた柔道の山下泰裕《やましたやすひろ》選手が「オリンピックに出たい」と涙の会見をしたことを覚えている人もいるでしょう。

その4年後、1984年のロサンゼルスオリンピックでは、ソ連をはじめ、当時の東ドイツなど東側諸国がボイコットし、冷戦で対立する陣営の選手たちが参加できませんでした。

バイデン政権としては、「中国の人権状況を容認しない」という強い姿勢を示したわけです。**外交的ボイコットの理由として、新疆ウイグル自治区などで人権の抑圧が続い**

ている状況を挙げています。

日本はどうするのかと思っていたら、政府首脳は送らないけれどオリンピック委員会の会長を送りますという形でお茶を濁しました。アメリカに対しては日本も外交的ボイコットをやっていると見せかけながら、中国に対しては日本としてはそれなりの人物を送りますと、案の定、玉虫色の解決をしたわけですね。

アメリカ、オーストラリア、カナダ、イギリスなどが外交的ボイコットをしたことに対しては、中国は厳しくそれぞれの国を批判したのに、日本に対しての批判は控えました。つまり中国は中国で日本の立場をわかっているというか、貿易相手国として日本は中国にとっても大事な国なのです。日本も中国と決定的に対立をしたくないけれど、中国としても日本と対立したくないということが今回、見えてきたのではないかと思います。

■民主主義と専制主義の闘い

2021年12月9日、アメリカは、日本などおよそ110の国と地域を招待して**初の「民主主義サミット」を開きました。**「民主主義の仲間よ集まれ」と音頭を取ったのですね。

招かれたのは、日本やEU、イギリス、オーストラリア、台湾など。バイデン政権が「専制主義国家」と位置付ける中国やロシアは招待されませんでした。

これについてロシア外務省は声明を発表。アフガニスタン政策などを例に挙げて「民主化を押し付ける軍事的な冒険が血なまぐさい戦争を引き起こし、国家的な悲劇をもたらした」と指摘しました。

要するに「アメリカは軍事力で他国に民主主義を押し付けるな」と言っているのです。

アメリカがアフガニスタンを攻撃した20年前は、アメリカは世界で唯一の超大国でした。

世界は民主主義と専制主義の
対決に向かうのか？
民主主義
ロシアが
ウクライナに
侵攻
アフガニスタンでは米軍撤退後
すぐにタリバンが復権。
民主化は簡単には根付かない
北京冬季五輪で
アメリカが
外交的ボイコット

しかし、いまは中国の台頭が著しく、**世界のパワーバランスは大きく変化しています。**

確かに、アメリカは「自由」「民主主義」という大義を振りかざして、他国に民主主義を広めてきました。しかし、近年はそれがことごとく失敗し、犠牲を払い続けてきました。バイデン大統領は軍事的緊張が高まっていたウクライナ情勢をめぐり、「もしロシアがウクライナに攻め込んだら、アメリカ軍が守るのか?」という質問に答えて、「経済制裁はするが、アメリカ軍をウクライナに派遣することはない」と断言しました。これは失言です。軽率だなと思いました。

軍隊を送ってロシア軍と戦争なんてできないというのはわかります。でも最初からそう言ってしまえば、ウラジーミル・プーチンは安心して攻め込むことができてしまいます。本来、「軍事的手段をとるのか」と聞かれれば、**「あらゆる対抗手段がテーブルの上にある」という言い方をすればいいのです。**「軍事的手段は排除しない」。本当はやる気がなくても、こういう言い方をしておけばこれが抑止力になります。

バイデン大統領は、**さっさと重要なカードを捨ててしまいました。人がいいのでしょうが、これがリスクです。**

ロシアはアメリカが軍を派遣してこないと判断して、ウクライナへ侵攻したのでしょう。日本にも影響はあります。北方領土交渉が暗礁に乗り上げてしまいました。まさに他人事《ひとごと》ではありません。日本の危機にも直結する出来事です。

ロシアの大義は何なのか。次の章で詳しく解説します。

第2章　揺れるヨーロッパ

■始まりは8年前のクリミア半島併合

２０２２年、ウクライナとロシアをめぐる動向に世界が注目しました。ロシアは、２０２１年の秋からウクライナとの国境付近に約10万人の部隊を配備し、軍事演習をしていました。**これまで見たことがないような戦争準備をしていた**のです。

現代は、宇宙の偵察衛星によって他国の軍隊の動きは丸見えです。ロシア軍は、大規模な兵力の移動を見せつけてウクライナに圧力をかけていたのですが、本当にロシアが軍事侵攻すると思っていた人は少なかったのではないでしょうか。まさかウクライナの首都キーウ（ロシア語読みではキエフ）にまで攻め込むとは……。

ウラジーミル・プーチン大統領は、いったいなぜこんな暴挙に出たのか。これまでの流れをおさらいしましょう。

２０１４年２月、ロシアがウクライナ領土のクリミア半島を占領しました。プーチン大統領は**２００８年にジョージア**（ロシア語読みではグルジア）**に介入**したころから、

「大ロシア復活」を目論《もくろ》み、ロシア、カザフスタン、ベラルーシなどと「**ユーラシア経済連合（EAEU）**」をつくることを構想していました。**ロシアが主導する経済同盟**です。ここにウクライナを加えたかったのです。

ところが2013年の終わり、当時のウクライナのヴィクトル・ヤヌコーヴィチ大統領は、欧州連合（EU）との間で経済連携協定を結ぶ約束を交わしました。これは、いずれEUに加盟するための手続きです。

プーチン大統領は激怒し、ヤヌコーヴィチに圧力をかけます。するともともと〝親ロシア派〟といわれていたヤヌコーヴィチ大統領は、プーチンに言われるままにEUとの協定をめぐる交渉を停止してしまったのです。

怒ったのは、EU加盟に賛成するウクライナ国内の〝親ヨーロッパ派〟です。「俺たちはロシアじゃない」と反発。キーウなどで反政府運動が激化し、**ヤヌコーヴィチ大統領はロシアに亡命**しました。ヤヌコーヴィチ政権は崩壊します。

■ソ連の最高指導者フルシチョフが撒いた種？

そもそもウクライナとはどういう国か？ **1991年12月のソ連崩壊を受けてウクライナは独立します。**ロシアが併合したクリミアはウクライナの一部でしたが、ここは、住民の多くがロシア系でした。ソ連時代に移り住んでいたのです。

というのもソ連の時代、クリミア半島はソ連を構成する15の共和国のうちのロシア共和国のものでした。ヨシフ・スターリンの死後、最高指導者となったニキータ・フルシチョフが1954年、「友好の証《あかし》」としてウクライナにプレゼントしたのです。スターリン統治下でウクライナは辛酸をなめてきましたから、ご機嫌取りのつもりだったのかもしれません。

ロシアもウクライナも、同じソ連の仲間だったときには問題がありませんでしたが、1991年のソ連崩壊によってウクライナが独立すると、クリミア半島は1992年に「クリミア自治共和国」としてウクライナから独立を宣言します。結局、独立はできずウクライナに留《とど》まりましたが、1998年には自治権を有する「クリミア自治共和国」となるのです。クリミア半島の帰属をめぐって争いが続いていたわけです。

そんな中、2014年、親ロシア派だったヤヌコーヴィチ政権が崩壊。今度は親ヨーロッパ派の政権ができると、クリミアのロシア系住民の間では、自分たちの権利が抑圧されるのではないかと動揺が広がりました。

すると武装した覆面兵士（ロシアから送られた兵士）が混乱を鎮める名目でクリミア半島に介入、クリミア半島で独立を問う住民投票を実施します。あくまで「住民が独立したいと言っているから、ロシアに併合するんだ」という形をとったのです。2014年3月16日には、**住民投票によってウクライナからの独立とロシアへの編入が承認されました。**

フルシチョフのプレゼントが、のちにこういう争いのもとになってしまったのです。

■ロシア系住民が多いドンバス地方でも

2014年、**ほぼ同時に起こったのが、ドンバス戦争です**。ウクライナの東部、ドネツク州とルガンスク州を含む「ドンバス」と総称される地域で親ロシア系の武装勢力が武力闘争を開始しました。こちらもロシア系住民が多く住む地域です。

ロシアは、「ロシア軍は介入していない」と言い続けていましたが、実際には、形式的にロシア軍を離脱させた兵士を送り込みました。ウクライナ政府軍との間で戦闘になったのです。

2014年までは、ウクライナ国内でも北大西洋条約機構（NATO）に「入るべき」という声と、「そうすべきではない」という声が拮抗《きっこう》していたのです。しかしクリミア併合とドンバス戦争以降、「ロシアがこんなことをするなら、NATOに加盟したい」と、**バランスとしてはEU加盟、NATO加盟のほうへと大きく傾いていきました。**

では、NATOとしてはウクライナをどうするのか。2008年4月、ブカレスト

プーチンの狙いは大ロシア復活
帝政ロシア
ピョートル1世
プーチン
大統領
大ロシアの
復活を目論む
ウクライナは
元々ロシアのもの
西側陣営に行くのは
許せない
NATOに
入りたい
ベラルーシ
カザフ
スタン
アゼル
バイ
ジャン
ジョージア
ウクライナ
クリミア
2014年ロシアが
軍事侵攻して併合
ロシアにとって
緩衝地帯は
無くてはならない

NATO首脳会議では「ウクライナとジョージアが〝将来的に〟NATO加盟国になる」と宣言しました。ロシアを不必要に刺激しないように、当時のヨーロッパでは慎重意見があって、結果的に玉虫色の宣言になったのです。以降、ウクライナは、ロシアとNATOの間に留め置かれる状態になっていました。

NATOとしては、ウクライナは加盟国ではないので、ロシアに攻め込まれても共に戦うことはできません。どこかの国が助けに入るとロシア軍と戦争になってしまうからです。それはすなわち、**第3次世界大戦になる危険性を意味します。これが「緩衝国家」の運命なのでしょうか。**

■ロシアの行動原理はひたすら「南下」

ロシアは2014年、ウクライナのクリミア半島を併合したことで、**先進国首脳会議「G8」から排除されました。経済制裁も強化されています。**そうなることがわかっていながら、なぜロシアはウクライナを攻撃するのか。

ロシアはひたすら南下する
ロシア
海洋交易のための
港が無かった
北極海に
面した港は
冬は氷に
閉ざされる
凍らない
港が欲しい
というのが昔からの
ロシアの行動原理
ロシアの
南下政策
黒海から地中海へ
出るルートを
確保したい
クリミア半島が
重要な拠点となる
ロシア
クリミア
半島
黒海
N
S

世界はロシアを侵略的な国家だとみています。核兵器の使用すらチラつかせて脅すなど、プーチンはとんでもない独裁者です。

しかし、ここではあえて〝ロシア目線〟になって世界をみてみることにしましょう。プーチンに言わせると、侵略的だったのは逆に西ヨーロッパ諸国で、自分たちは被害者なのです。ロシアの行動の根底には、恐怖心とトラウマがあります。

というのも、ロシアは確かに世界一広大な国ですがユーラシア大陸の北にあり、永久凍土帯が分布するシベリア地域などを含みます。**「凍らない港が欲しい」というのがロシアの歴史的な行動原理**なのです。昔から不凍港を求めて南へ南へと、**南下政策**をとってきました。

そんなロシアは日本にとっても脅威でした。帝政ロシアの時代、ロシアが南へ下りてきて朝鮮半島が占領されてしまうのではないかと恐れました。日清戦争も日露戦争も、結局は「朝鮮半島を誰が支配するか」という戦いでした。

反対のヨーロッパに目を向けると、1812年にフランスのナポレオンがロシアに侵攻します。フランスはオーストリア帝国やプロイセンと60万の大軍で攻め込み、モスクワが陥落。当時はサンクトペテルブルクが首都でしたが、まずは大都市のモスクワがフランスの手に落ちたのです。ナポレオンはさらに東へ進軍しようとして結局、冬将軍に阻まれ撤退するのですが、このとき多くのロシア国民が死にました。この戦争はロシアでは「祖国戦争」と呼ばれ、国を守った聖戦として子どもたちに教えられています。

■第1次世界大戦で大きな打撃を受け、革命が起きた

次はドイツが攻めてきます。1914年当時はドイツ帝国（中心となったのはプロイセン）です。第1次世界大戦ですね。フランスを攻撃した後、ロシアに侵攻。ロシアは当時帝政ロシアで、同盟国だったフランスの要請を受けてドイツ帝国と戦うのですが、近代化に後れをとっていたロシア軍は総力戦に耐えられず、敗走することになります。

長引くドイツ帝国との戦争で国家財政は悪化し、女性や子どもも労働に駆り出されるようになりました。町からは生活物資が消え、国民は悲惨な状態になりました。

このときの不満がもとで国内で革命が起こります。**1917年の「ロシア革命」**です。

ボリシェヴィキ（のちのソ連共産党）の指導者ウラジーミル・レーニンは、こんな戦争はやめるべきだと主張。**悪いのは、資本主義の拡大を目指す帝国主義だと考えます。**

レーニンの革命により帝政ロシアは崩壊。200年にわたる帝国が崩壊したのです。

その後はレーニンによって、**史上初の社会主義国家ができる**のですが、ロシアはここからがさらに悲劇です。1918年には、対ソ干渉戦争が始まります。

第1次世界大戦の連合国（イギリス・日本・フランス・イタリア・アメリカ・カナダ・中華民国）が**「社会主義の国がほかにもできたら大変だ」という危機感を抱き、ロシアの領土に攻め込む**のです。日本も日本軍をシベリアに送って反革命勢力を支援しました。**「シベリア出兵」**です。

国内でも、革命を主導する「赤軍」と、革命に抵抗する「白軍」による内戦が始まりました。内戦は1917年から1922年まで続きます。第1次世界大戦が終わった後も、戦争は何年も続いたのです。

内戦で人口は1000万人も減少、親を失った子どもは700万人ともいわれます。農業生産は激減して飢餓が広がり、国内はめちゃくちゃになりました。**ロシアはいろい**

ろな他国に侵略されたというトラウマがあるのです。

■独ソ戦の悪夢、死者の数は世界一

このトラウマを何より決定的にしたのが第2次世界大戦です。ナチスドイツが攻めてくる。**第2次世界大戦における「独ソ戦」**ですね。

アドルフ・ヒトラーは独ソ不可侵条約を破り、330万の大軍でソ連領土に侵攻しました。これでソ連は凄《すさ》まじい被害を受けます。第2次世界大戦での日本の死者数は約310万人ですが、**ソ連はおよそ2700万人が亡くなったといわれています**。

ソ連は、ナポレオンの侵攻よりもさらにひどかったという意味も込めて、独ソ戦のことを「大祖国戦争」と呼びます。そして、苛烈《かれつ》な戦場となったのが、現在のウクライナ、ベラルーシがあるところなのです。**ウクライナやベラルーシは、ちょうどヨーロッパとの中間地点にあるので、いつも戦場になります**。

こうしてロシア目線になってみると、加害者意識より被害者意識のほうが強いのです。

これだけ多数の犠牲者を出したのだから、外からの侵略から何としても自国を守らなければならないという意識があります。それがまた周りの国にとっての恐怖となり、悪循環になっているのですね。

■キエフ公国はウクライナとロシアの起源

ここでちょっと歴史の勉強です。そもそも、ウクライナという国がどういうふうにロシアと関係するのか、歴史をさかのぼってみていくことにしましょう。

その昔、現在のウクライナのあたり、つまりユーラシア大陸のシルクロードから少し北のあたりは、遊牧民族が行き交う場所でした。4世紀から7世紀ごろ、東スラブ人がここに定住します。

のちにヒトラーがソ連を攻めた理由は、アーリア人が、彼らが劣等民族だと考える北方のスラブ民族を奴隷化し、東方での征服戦争を想定していたからだといわれています。

ウクライナはユーラシア大陸の中央に位置することからさまざまな民族が混じりあっ

ているのですが、圧倒的に多いのは東スラブ人です。

そしてウクライナの地図を見ると、中央に縦にドニプル川（ドニエプル川）が流れています。その北寄りの位置にキーウがあって、ここが南北に発展しました。キーウから見て黒海の向こう側は、当時のビザンチン帝国です。この帝国との貿易で9世紀ごろキーウが栄えるのです。

このころはキエフと呼ばれていた地域を首都として、いまのロシア北西部、ウクライナ、ベラルーシにまたがってできたのが、「キエフ・ルーシ公国」。「ロシア」という国名は、この「ルーシ」に由来しています。

988年、キエフ・ルーシ公国のウラジーミル大公が洗礼を受け、キリスト教を受け入れます。ビザンチン帝国の近くですから、正教会です。**これがロシア正教会の始まりです。**

ウクライナ人にとっても、ロシア人にとっても、「キエフ（キーウ）」は聖なる場所。つまり、**キエフ公国はウクライナとロシアの起源であり、発祥の地**なのです。ここが外国に奪われるのは許せない。だからプーチンはウクライナにこだわるのです。

■キエフ・ルーシ公国はモンゴル帝国に滅ぼされた

12世紀の終わりごろに、**ウクライナの土地はモンゴル帝国に侵略され、キエフ・ルーシ公国は滅びます。**

「タタールのくびき」という言葉を聞いたことがあるでしょうか。「タタール」というのはロシア語でモンゴル人のことです。「くびき」は家畜の頸《くび》の後ろにかける横木のことです。

ウクライナの土地に「キプチャク・ハン国」というモンゴル人の国ができると、キエフ・ルーシ公国はモンゴルにいってみれば首輪をされたような状態になり、国として成り立たなくなってしまいました。

キエフの代わりに栄えていくのがモスクワです。このあたりから、**ウクライナ人とロシア人の歴史観が別々のものになっていく**のですね。

最初はキエフのほうが主導権を握っていたのに、モンゴルに侵略されたことでウクライナに住んでいた人々の一部が北のほうへ逃げ、モスクワへたどり着いた。そして主導権がモスクワに移った。その**モスクワ公国がやがてロシアになる**わけです。

キエフ・ルーシ公国は滅びましたが、その民はのちに有名なコサック（武装した農民）になっていきます。コサックといえばロシアのものと思っている人が多いでしょうが、ウクライナが発祥です。コサックは軍隊の共同体のようなものになり、ロシアが辺境整備のために村をつくらせました。コサックとして存在していた多くが、ウクライナ人。ウクライナはロシア語で「辺境」という意味があります。ちなみにボルシチもロシア料理ではなく、ウクライナ料理です。

14世紀後半からはウクライナ西部がリトアニア・ポーランドの支配下に置かれていたこともあります。

そして15世紀になると、オスマン帝国の時代。ウクライナの南にあるクリミア半島まですべてオスマン帝国が支配します。

■リトアニア・ポーランドの影響下に

16世紀になると、ウクライナはほとんどリトアニア・ポーランドの影響下に置かれました。モスクワ公国の影響を受けたのはウクライナの東のほうだけで、いまのウクライナの大半は、リトアニア・ポーランド領になったのです。

ウクライナ語はロシア語の方言のようなものだと言う人もいますが、ウクライナ語はどちらかというとポーランド語に近いのです。

その後、18世紀にはロシアがウクライナへ勢力を伸ばしてくるのです。それでも、ウクライナの西側はロシア帝国に入っていませんでした。

ところが18世紀後半になると、エカテリーナ2世がさらにロシアを大きくし、ロシア帝国（帝政ロシア）の黄金時代を築きます。ウクライナの南側まで支配していたオスマン帝国を退け、クリミア半島を獲得して帝政ロシアに組み込みます。このときにクリミア半島がロシアのものになるのですね。

ロシア帝国はクリミア半島の名前の由来となった「クリム・ハン国」を保護下に置き、黒海へと出ていくのです。

■1930年代の「ホロドモール」でロシアに恨み

第1次世界大戦が勃発《ぼっぱつ》すると、ウクライナは独立運動を起こします。

19世紀、ウクライナ西部の人たちの間で自分たちの国をつくりたいといった民族主義が高まります。ちょうど、ソ連建国の父となるレーニンは「帝政ロシアと戦っているということは、敵の敵は味方。帝政ロシアを倒すには、この民族主義を利用したほうがいい」と考え、ウクライナを国家として認めるのです。

ところが独立した後、レーニンは「やっぱりウクライナはソ連に入ったほうがいい」とウクライナをソ連に吸収しました。最終的にはウクライナの3分の2くらいがソ連領に、そして残り3分の1がポーランド領になります。これが第1次世界大戦のあとに起こったことです。

ウクライナの苦難はまだ続きます。1932年から1933年にかけて「ホロドモール」という大飢饉《だいききん》が起きるのです。

そもそもなぜレーニンは、ウクライナ人が住んでいるところをソ連に入れてしまったのか。それはキーウの南、つまり黒海の北の大穀倉地帯が欲しかったからです。ここは**世界でも有数の小麦地帯で、「ヨーロッパのパンかご」と呼ばれるほどです。**

ウクライナの国旗を見てください。上が水色、下が黄色の2色旗で、**「青い空と黄色の小麦畑」をイメージしています。**ロシア人が食べていくためにウクライナの穀倉地帯を狙ったのです。

レーニンは革命後、土地を国有化します。その後を継いだスターリンは5カ年計画を実施し、農業の集団化を強行します。そこで小麦をつくるのですが、スターリンが農作物を収奪して輸出に回したため、ウクライナ人は食べるものがなくなり、少なくとも250万人が飢餓で死んだといわれています。「スターリン飢饉」などとも呼ばれています。これは長い間、ソ連により隠蔽《いんぺい》されていました。ウクライナは、この飢饉でも、ロシアに対する恨みがあります。

プーチンの目線でいえば、ウクライナという国はあくまで帝政ロシアと戦うためにレーニンが線を引いただけなのに、結果的にウクライナの民族主義ができてしまった。プーチンにしてみれば、「ウクライナは、レーニンが勝手につくり出したものだ」と思っているのです。

■ソ連の始まりは4つの共和国から

整理しておきましょう。帝政ロシアが倒れ、1922年にレーニン率いるボリシェヴィキが内戦で勝利したことで、ソ連が設立されました。

最初はロシア・ウクライナ・ベラルーシ・ザカフカース（外コーカサス）の4つの共和国から始まりました。ただザカフカースはその後3つに分裂します。グルジア（現ジョージア）、アルメニア、アゼルバイジャンです。

当時、ソ連は技術的に進んでいて、経済的にも発展していました。工業生産でも世界第2位だったのです。

その後、第2次世界大戦が勃発し、ソ連は独ソ戦を戦うことになります。ドイツのヒトラーがソ連のウクライナに入ってきたとき、ウクライナ人の中には「我々はスターリンのソ連から解放される」と考え、ドイツ側についてソ連と戦った人もいました。

ソ連は4年間の戦争で約2700万人が犠牲となるのですが、結果的にナチスドイツの打倒に貢献し、バルト三国を併合。終戦後は15の共和国からなる超大国をつくるのです。そして、東ヨーロッパの国々も勢力圏に加えていきます。

東ヨーロッパがソ連に飲み込まれたことを西ヨーロッパが恐れ、つくったのが北大西洋条約機構（NATO）です。西ヨーロッパの一つひとつの国は小さいので自分たちだけではかなわないから、イギリスやさらにその先のアメリカも引き込んで、集団で助け合おうという軍事同盟です。

■ソ連のリーダーはソ連共産党だった

ソ連を知らない若い人のために、ここでソ連について少し説明しておきましょう。

ソ連は15の共和国が連邦を組んでいました。 15の共和国を統治していたのは、「連邦政府」と呼ばれるソビエト（会議・評議会の意味）がつくった中心組織です。

連邦政府のトップはソ連共産党の「書記長」あるいは「第一書記」（1952年〜66年まで）といいます。建国した1922年から1991年まで、レーニン→スターリン→フルシチョフ→（レオニード・）ブレジネフ→（ユーリ・）アンドロポフ→（コンスタンティン・）チェルネンコ→（ミハイル・）ゴルバチョフと続きました。**トップが15の共和国に命令する、これがソ連という国の特徴です。**

連邦政府の所在地はモスクワのクレムリンです。ロシアも連邦政府の言うことを聞かなければならないひとつの国でした。ただし、もちろんロシアは広大でソ連の中心的存在ではありました。

この連邦政府が、東ヨーロッパの国々をも押さえつけていたのですね。

ところが1989年、いわゆる東欧革命が起きます。社会主義は競争がないので働いても働かなくても給料は変わりません。自動車メーカーも1社しかない。軍事力にお金をかけすぎた面もありますが、どんどん経済が停滞してしまいました。

ソ連が崩壊するきっかけは、当時のソ連共産党の書記長だったゴルバチョフです。ゴルバチョフは、経済が発展しない原因は国民がソ連の現状を知らないからだと考えました。きちんと報道をして、国民が現状を知れば奮起するだろう。経済を立て直せれば、ソ連を立て直すことができると信じていたのです。

そこで**「ペレストロイカ」（改革）を推進し、ソ連がいかにひどい状態になっているか、自由に「グラスノスチ」（情報公開）させました。**

すると国民は「自分たちは騙《だま》されていた」と、一気に反発が広がります。ソ連の権威はガタガタになり、「このままではソ連がダメになる」と恐れた保守派がクーデターを起こしますが、失敗。**ソ連は崩壊に向かいます。**

ソ連に無理やり入れられていたバルト三国がまず独立します。構成国が12になってしまうと、**1991年12月、とうとうソ連が崩壊してしまった**のです。

ソ連崩壊によって、1991年、ウクライナはソ連から独立します。**ウクライナにはロシア系の住民も大勢住んでいました。**ロシアから切り離されてしまったけれど、自分たちはもともとロシア人。ロシア人だからロシアといっしょになりたいと思っていた人が、ロシアとの国境付近には大勢いたことが、いろんな軋《きし》みを生みました。

■ソ連が崩壊したのに「NATO」が必要なのか？

1989年12月に行われたアメリカとソ連の首脳会談＝マルタ会談をもって、東西冷戦は終わりを迎えました。

ソ連はその後、ソ連および東欧7カ国（アルバニア、ブルガリア、ハンガリー、東ドイツ、ポーランド、ルーマニア、チェコスロバキア）で結成していた**ワルシャワ条約機構（WTO）を1991年7月に解体しました**。これはいわばソ連版NATOです。西ドイツがNATOに加入した1955年に調印されました。

それより先、冷戦が激化した1949年に、西側各国がソ連の軍事的脅威に対抗するために**NATOという軍事同盟を設立したので、それに対抗してソ連も自らの軍事同盟をつくった**のです。

ソ連はこの軍事条約という剣を捨てました。当時、最高指導者だったゴルバチョフは、自分たちも剣を捨てたので、ワルシャワ条約機構と対峙《たいじ》していたNATOも当然、いらないだろう、「解体してほしい」という提案をしたという話があります。

ロシアとアメリカの間で、「NATOは1インチも東方拡大をしない」と約束したということが、今回、言った、言わないの論争になっています。これは公式の記録には一切ありません。調印された文書はないのです。

しかし、当時のジョージ・H・W・ブッシュ（パパブッシュ）政権のジェイムズ・ベイカー国務長官が、ゴルバチョフ書記長に対して約束したとロシア側は受け止めています。少なくともプーチンは、あのときの約束を反故《ほご》にされたと思っているようです。

NATOは拡大しないと約束したのに、旧ソ連のバルト三国（エストニア、ラトビア、リトアニア）や東ヨーロッパの国々がNATOに加盟していった。**かつてのワルシャワ条約機構の同盟国を取り込んでいっている。**

冷戦終結後は16カ国だったNATO加盟国が、いまは30カ国まで拡大しています。

ソ連は、冷戦時代は社会主義体制でしたが、ロシアになって資本主義体制に移行します。そのとき西側主導で市場経済を導入。急激な改革で国内の経済は大混乱しました。

国際通貨基金（ＩＭＦ）の指導で民営化を急激に進めた結果、ハイパーインフレになったり、貧富の差が拡大したりしてめちゃくちゃになったのです。

ロシア目線でみると、自分たちは経済的にめちゃくちゃにされ、外交でも西側にはめられた被害者。こうした中で包囲されて、自分の兄弟分だと思っていたウクライナまでもＮＡＴＯに行くのは絶対に許せないということでしょう。

ＮＡＴＯに加盟できるのは軍隊を持ち集団的自衛権を行使できる国です。軍隊がなければいっしょに戦えないのですから入れません。

ウクライナには軍隊がありますから、ＮＡＴＯに入ることができます。ＮＡＴＯは開かれた国際条約で、どの国も加盟できるような状態になっていますから、プーチンは追い詰められたのではないでしょうか。

■フィンランドはなぜＮＡＴＯに入っていなかったのか

ソ連崩壊後、東ヨーロッパの国々が次々にＮＡＴＯへ加盟していく中で、ロシアと長い国境を接している北欧のフィンランドはNATOに入っていませんでした。スウェーデンもNATO非加盟国でした。平和国家として紛争国に武器を送らないことを国是とし、伝統的に中立を守ってきたのです。今回はウクライナ支援を鮮明にし、武器供与の方針を表明しました。

なぜロシアの隣国なのに、NATOに入らなかったのか。

フィンランドは第2次世界大戦中、ソ連の侵略を受けて戦争になった歴史があります。「冬戦争」と呼ばれます。フィンランドはソ連によってカレリア地方を奪われました。ソ連はフィンランドとの国境であるカレリア地方を緩衝地帯にしたかったからです。

その後、フィンランドは、**ロシアを刺激しないためにNATOに入らない選択をしてきた**のです。「フィンランドはNATOに入りません。だから脅威ではありません」という立場をとって、安全保障政策を続けてきたのです。スウェーデンも同じです。

フィンランドのサンナ・マリン首相は2022年1月「NATOに加盟する選択肢を保持している」と発言しました。これは2021年12月、ロシア外務省報道官が「フィンランドやスウェーデンがNATOに加盟した場合、軍事的・政治的に深刻な結果をもたらし、ロシア側に適切な対応が求められる」と発言したことに反発する形で出てきたものです。

要するにロシアが「NATOに入ったら、タダじゃおかないぞ」と、脅してきたのですね。2週間後、マリン首相は「私の任期中に申請する公算は小さい」という言い方をして、結局、ロシアを怒らせないような対応をしました。しかし、一転、2022年5月15日、フィンランドはNATO加盟申請することを表明。スウェーデンも加盟申請へ動きました。

■次はバルト三国？　ロシアにおびえる国々

バルト三国の南、ポーランドの北に「カリーニングラード」というロシアの飛び地があります。ここは1946年まではケーニヒスベルクというドイツ領でした。

第2次世界大戦のとき、ドイツ軍がベラルーシからウクライナ、そしていまのロシアのサンクトペテルブルク（当時はレニングラード）まで攻め込んだのですが、最終的にソ連軍がドイツ軍を押し戻すときに占領した土地です。

当時のソ連の国家元首だったカリーニンの名前をつけて、ソ連時代にロシア共和国の直轄地としました。**ソ連崩壊前後、バルト三国が独立したためこの場所が飛び地として残った**というわけです。

カリーニングラードはバルト海に面しているため、ロシアとしては絶対に手放したくない場所です。陸続きになればロシアにとって便利です。だから飛び地と国境を接するリトアニアが恐れているのです。

リトアニアにはロシア系の人が5％います。ということはいつなんどき、ロシア系住民を保護するためという名目で軍事行動を起こすかわかりません。**バルト三国は、ロシアの脅威と常に隣り合わせ**です。

リトアニアでは、ロシアのウクライナ侵攻で、「次はバルト三国」とパニックになる人もいたようです。**しかしリトアニアはNATO加盟国。ロシアが戦争を仕掛ければ、それはNATO全体に対する戦争を意味する**のです。

■ウクライナ侵攻前にロシアが承認した2つの「国家」

さてここまで長い歴史をみてきましたが、いよいよ2022年の話に移ります。今回、ロシアのプーチン大統領が各国政府の制止を振り切り、ウクライナにミサイル攻撃を開始したのは2022年2月24日のことでした。

このときプーチンは「ウクライナ政権によって8年間にわたり虐げられ、集団虐殺に遭ってきた人々の保護が目的だ」と主張しました。

8年間にわたり虐げられ、集団虐殺に遭ってきた人々とは？

8年前、ロシアのクリミア併合とほぼ同時期、ウクライナ東部のドンバス地方で武装蜂起《ほうき》した**ロシア系住民が2つの「国家」を樹立したと宣言**しました。**「ドネツク人民共和国」と「ルガンスク人民共和国」**です。

ロシアを後ろ盾にした親ロシア派勢力が「ウクライナから独立したい」と言って勝手に立ち上げた自称国です。独立を宣言したといっても、どこの国も承認していませんでした。

ロシアですら認めていなかったのです。

ロシアへの編入を求め、ウクライナ軍と内戦になるのですが、ロシア軍の支援を受けていた武装勢力にウクライナ軍は太刀打ちできず、「**ミンスク合意**」（2015年2月、ベラルーシの首都ミンスクで結ばれた和平合意で、ロシア、ウクライナ、ドイツ、フランスがまとめた）を結びました。悪化を免れるため、ミンスク合意を主導したのは、当時のドイツのアンゲラ・メルケル首相でした。**内容はドネツクとルガンスクに強い自治を認めてくれれば、ロシアの勢力は引くというもの**でした。

一応、停戦協定がまとまったとはいえ、戦闘は断続的に続いていました。**つまり、2014年から8年間、ずっとロシアとウクライナは戦争をしていた**のです。

ロシアはクリミア半島を併合しましたが、クリミア半島はウクライナの南端ですから、ロシアからポツンと離れて独立しています。そこでクリミア半島とロシアを結ぶ長い橋を架け、とりあえず交通ルートは確保したものの、仮にウクライナ東部がロシアのものになればクリミア半島と陸続きになり自由な行き来ができます。

ウクライナのウォロディミル・ゼレンスキー大統領は、ここはウクライナの土地なのだから取り戻そうとして、２０２１年10月、初めてドローンを使って東部のロシア系武装勢力を攻撃しました。

これに対し、２０２２年2月21日、ロシアのプーチン大統領は、**ウクライナ東部の2地域、「ルガンスク人民共和国」と「ドネツク人民共和国」について「独立を承認した」と発表**しました。ロシアがウクライナへ侵攻する3日前のことです。

ロシアはまず、国連憲章が認める「集団的自衛権」の行使として実質的な「安全保障条約」を2つの「国家」と結びます。そしてこの2つの地域の住人およそ50万～60万人にロシア国籍を与えていたのです。

プーチンとしては、ロシア国民が「ウクライナの攻撃を受けているので助けてほしい」と言ってきたので、「平和維持部隊」としてロシア軍を送ったという理屈です。**自国民を助けるのはロシアの責務だというわけ**ですね。

■過去には南オセチアもアブハジアも

こうした形でロシア周辺国家の中で、親ロシア派勢力が独自の「国家」を宣言することは、**これまでにも3件起きています。**

ひとつはジョージア国内にある「**南オセチア**」です。日本では黒海沿岸にあるジョージアを、ロシア語に由来する「グルジア」と呼んでいましたが、ジョージアはロシア語で呼ばれるのが嫌なので、英語読みにしてほしいと日本に要請したのです。

そのジョージアの中に、ソ連時代「南オセチア自治管区」がありました。1991年、ソ連が崩壊してジョージアが独立すると、ジョージアから独立を宣言して「南オセチア共和国」と自称していたのです。

ここにはオセット人と呼ばれる少数民族が住んでいます。ソ連建国後、スターリンは、オセット人が抵抗したり、まとまって「独立したい」と言い出したりしないように、ロシア国内の「北オセチア」と、ジョージア国内の「南オセチア」に分割しました。

ソ連が存在していたときは、南北に分かれたオセット人たちは自由に行き来ができたので問題はなかったのですが、**ソ連が崩壊し、ジョージアが独立すると南オセチアの人たちは、北オセチアと分断されることを恐れるようになります。**

一方、ジョージア国内にはもうひとつ「**アブハジア自治共和国**」も存在しました。こちらも少数民族地域です。アブハズ人が住んでいるのでアブハジア自治共和国といいます。

ソ連が崩壊してジョージアが独立した際、南オセチアと同様に独立を宣言。ここでもロシアはアブハジアの人たちに国籍を与え「自国民保護」を口実にして、軍をアブハジア自治共和国に送り込みました。ロシアの常套《じょうとう》手段ですね。

南オセチアもアブハジアも、スターリンの勝手な線引きによって翻弄《ほんろう》されました。スターリンの負の遺産です。

もうひとつが、ウクライナの南西に位置するモルドバ。この中のウクライナと国境を接する場所に「**沿ドニエストル共和国**」があります。モルドバの民族構成はモルドバ人が主体で、ウクライナ人とロシア人も住んでいます。ソ連を構成する15の共和国のひとつ「モルダビア共和国」でしたが、ソ連が崩壊する直前、国名をモルドバに変更して独立しました。ところが、ここでもロシア系住民が「沿ドニエストル共和国」と称して分離独立を宣言。モルドバ政府軍との間で紛争になると、ロシア軍が介入しそのまま軍を駐留させています。

こうして**ロシアが承認して誕生した自称「国家」は、緩衝地帯としてロシアを守る勢力の共同体**といえるでしょう。

■「ミンスク合意」はウクライナに不利だった

ウクライナはロシアから離れたい。ウクライナのペトロ・ポロシェンコ前大統領は親ヨーロッパ派でしたから、ＥＵとの関係を深め、２０１９年にはＥＵ加盟とＮＡＴＯ加盟路線をウクライナ憲法に明記する憲法改正案を可決していました。

いまのゼレンスキー大統領は、２０１９年にポロシェンコを破って大統領に当選するわけですが、ゼレンスキーは当初、ロシアとの間で和平交渉の再開を目指しました。

ミンスク合意は単なる停戦協定ではありません。「ウクライナ政府が憲法を改正して、ドンバス地域の一部に強い自治権を認める」といった、政治的な取り決めも含まれています。

ウクライナとしては国家が分裂状態であることを固定化するような合意は飲めない。国内からは国を売るのかと反発も出るし、ゼレンスキー大統領も難しい舵《かじ》取りを迫られました。

ゼレンスキー大統領は、ミンスク合意の修正を求めましたが、ロシア側が拒否。そこで２０２１年１月、「我々の領土は渡さない」、「ミンスク合意を履行しない」と宣言したのです。ロシアは２０２１年10月以降、再び軍事的圧力をかけていました。そしてついに２０２２年２月、ウクライナに侵攻することになるわけです。

■あのときの〝弱い〟ウクライナとは違う

ロシアとしては、すぐに戦争を終わらせるつもりでいたはずです。おそらく北京オリンピック終了後、パラリンピック開会式前までには終わると思っていたのではないでしょうか。ところがロシア軍は想定外の苦戦を強いられることになります。

２０１４年、ロシアがクリミア半島を占領したときのウクライナ軍は弱かったのです。兵が5万人しかおらず、「ロシア軍にかなうわけがない」と思ったのか、さっさと降伏してしまい、ウクライナ海軍基地の司令官もごっそりロシアに寝返ったのです。

しかし、ウクライナはあれから8年かけて兵士を20万まで増やし、ウクライナ東部で親ロシア派勢力と激しく戦争をしてきました。双方、合わせて1万４０００人の死者が出ています。

仲間がたくさんロシアによって殺されたウクライナ軍は、２０１４年とは違います。退役した予備兵も90万人いて、戦意も高い。

NATO加盟の国々やアメリカから兵器も供与されています。アメリカによる軍事援助はポロシェンコ前大統領のころからありましたが、バイデン大統領になりどんどん増えていきました。軍事ドローンの開発技術が進んでいるトルコからドローン兵器も購入しました。

総合力で勝るロシア軍がここまで手を焼くとはプーチンは思っていなかったでしょう。**放っておくとウクライナ軍はアメリカによって軍事強化される、**それもプーチンを焦らせたに違いありません。

■プーチンの「聖戦」を後押しするロシア正教会トップ

ロシアのウクライナ侵攻は〝プーチンの暴走〟〝プーチンの戦争〟などといわれていますが、プーチン大統領を後押しした人物がいます。２００９年に**ロシア正教会のトップに就任したキリル総主教**です。「ロシア正教会」について簡単に説明しておきましょう。

キリスト教の教派は大きく3つのグループに分けることができます。カトリックとカトリックから分離したプロテスタント、東方正教会です。西方教会がカトリックです。

4世紀、キリスト教はローマ帝国の国教となるのですが、３９５年にローマ帝国が東西に分裂します。やがて東西の教会でも少しずつ考え方の違いが出てきて、１０５４年にはキリスト教の教会も東西に分裂してしまいます。ローマを中心とした「西方教会」と、コンスタンティノープルを中心とした「東方教会」です。

それぞれの違いは何なのか。カトリックの場合はローマ教皇を頂点とし、世界中のカトリック教会がローマ教皇に従うというピラミッド型の教会組織となっていますが、**正教会は「1国家1教会」が原則**です。ギリシャ正教会から次第に北に広がり、ウクライナに設立すればウクライナ正教会、ロシアに設立すればロシア正教会、セルビアならセルビア正教会、ジョージアならジョージア正教会と、それぞれが独立した正教会になります。

ところが、**ウクライナ正教会はずっとモスクワを拠点としたロシア正教会の管轄下にあった**のですね。こうした歴史もあって、プーチン大統領にしてみれば、あくまでウクライナはロシアの一部という思いが強いのでしょう。

1991年にソ連が崩壊すると、ウクライナ正教会の信者の中でロシア正教会からの独立を求める声が高まります。もちろんロシア正教会は反対し、国が独立した後もウクライナ正教会はしばらくの間はロシア正教会の傘下のままでした。

しかしロシアがクリミア半島を占領すると、独立の動きが加速。ついに2018年、東方正教会で権威のあるコンスタンティノープル総主教庁はウクライナ正教会の独立を認め、独立に反対していたロシア正教会と決別することになるのです。

その一方で、ロシア正教会の管轄内に留まったままの教会もありました。さらには、ウクライナの西部にはポーランドの影響を受けたカトリックの人たちもいます。

よってウクライナは宗教的には、**西部はカトリック、東部はロシア正教会傘下のウクライナ正教会、独立を果たしたウクライナ正教会**というややこしい構図になっています。

東方正教会は「1国家1教会」ですから、ウクライナ正教会の独立を認めるということは、ウクライナをひとつの国と認めることになります。プーチン大統領と共通の価値観を持っているといわれるロシア正教会のキリル総主教にしても、ウクライナ正教会の独立は許しがたいというわけです。

つまり、あまり表には出てこないのですが、これは**宗教戦争の様相も呈している**のです。

プーチン大統領はロシアによるクリミア半島併合から8年となる2022年3月18日

に大集会を行い、「友のために自分の命を捨てること、これ以上に大きな愛はない」と演説しました。これは新約聖書「ヨハネによる福音書」の一節です。プーチン大統領にとって、**ロシア軍がウクライナを傘下に収めようとすることは「聖戦」である**のです。

■ベラルーシってロシアの「従属国」？

ウクライナは「ＥＵに入りたい」わけですが、**同じ旧ソ連の仲間ベラルーシは違います**。ロシアがウクライナに侵攻する直前まで、ロシアとともにウクライナの国境付近で合同軍事演習を行っていました。

ロシアがウクライナに侵攻する直前、ニュースで連呼されるようになったベラルーシ。あらためてどんな国か説明しておきましょう。

ベラルーシの「ベラ」は白という意味です。第１次世界大戦以前はロシア帝国の一部で「白ロシア」と呼ばれていましたが、１９１８年に独立し、一旦《いったん》は「ベラルーシ人民共和国」となりました。のちにソ連を構成するひとつの国となったのですが、１９９１

年、ソ連崩壊に伴って正式に独立します。

この国で**27年間にわたって国を率いるのがアレクサンドル・ルカシェンコ大統領**です。2020年8月、大統領選挙が行われ6選を果たすのですが、選挙の不正を暴かれ、怒った国民が大規模な反政府運動を繰り広げました。

ルカシェンコは反政権派を徹底的に弾圧。**欧米からは「ヨーロッパ最後の独裁者」と呼ばれています**。

とりわけ「ロシア」への思いの強さがわかったのは、1999年のこと。当時のボリス・エリツィン大統領との間で「ベラルーシ・ロシア連合国家創設条約」に調印し、ルカシェンコが連合国家の議長としてロシアに君臨しようという野心をむき出しにしました。つまり、ロシアとベラルーシは上に連合国家をつくって、あろうことか、そのトップにルカシェンコがなろうとしていたのです。

ところが、エリツィンに代わって大統領になったプーチンが、ベラルーシをロシアに併合しようとしたため、これにルカシェンコは猛反発。条約は棚上げになっています。それ以降ルカシェンコは、ロシア離れ、プーチン離れを始めます。

しかし2020年の選挙の不正に対し反政府運動が盛り上がると、一転してプーチンに助けを求めました。結果、プーチンが「守ってやるから」と手を差し伸べると、**自分の体制を維持するためにロシアに協力的になった**のです。

いまではすっかりロシア帝国復活を願う「戦争の共犯者」です。

■難民を「武器」に使うベラルーシ

もちろん、ベラルーシはEUと険悪な関係です。

2021年の秋、中東からの多数の難民がベラルーシに入国して、ポーランド国境に殺到。ポーランド政府は国境を閉じるという事態になりました。これは、ルカシェンコのEUに対する嫌がらせです。

EUは、ルカシェンコ大統領が野党勢力を弾圧したことに対し、ベラルーシに経済制裁を科しました。これに対し「経済制裁をするなら難民を送り込むぞ」と、**難民を武器として使った**のです。しかしどうやって難民がベラルーシに来たか。これが驚きです。

ベラルーシの国営旅行会社が、「ベラルーシに安く行けますよ、ベラルーシに着いたらあとはご自由に」というツアーを企画したのです。ベラルーシ政府はイラクやシリア、アフガニスタンから押し寄せた難民に、簡単にビザを与えました。一旦ベラルーシに入れば、ポーランド経由でドイツに入れます。

ツアーは普通、往復ですが、片道です。つまり、ドイツへ行って働きたい中東の難民たちを自国へ呼び寄せてEUに送り込もうとしたのです。

慌てたのはポーランド政府です。自国に入ってきた難民の扱いについては、難民条約により難民と認められたら永住権を認めなければなりません。そこで、ポーランドは国境警備隊を増強して、入ってこようとする難民たちを阻止。ベラルーシに送り返しています。

ポーランドのしていることは難民条約違反なのですが、さすがに他国も見て見ぬふり。**そしてこのベラルーシを背後でロシアが支援しているという構図が見えてきます。**

そういえば、2021年の東京オリンピックに出場していたベラルーシの代表選手が帰国を拒否してポーランドに亡命しましたね。陸上女子のクリスチナ・チマノウスカヤ選手です。もう相当数のベラルーシ国民が、ポーランドに亡命しています。

■NATOに加盟していないため「経済制裁」しかない

欧米各国は、ウクライナの平和を守るために何とかしてあげたいと思う気持ちはあっても、**ウクライナはNATO加盟国ではないため軍事介入はできません。**アメリカを含めNATO加盟国はウクライナに対して武器を供与していますが、それ以外にできることは経済制裁しかないのです。

クリミア併合のときから経済制裁は行っていますが、今回はさらに国際社会が連帯し、強力な経済制裁をして、ロシアが「戦争を継続するお金がない」という状態にしようとしています。

すでに、**ロシアの特定の銀行をSWIFT（国際銀行間通信協会）が運営する世界最大の国際送金ネットワークから排除する**という措置が行われています。SWIFTとは200を超える国や地域の1万1000社超が利用している組織で、もちろん日本の金

ウクライナを守るには？
NATO
（北大西洋条約機構）
ウクライナは
NATO加盟国
ではないため
軍事介入は
できない
ロシア
軍事侵攻
ウクライナ
できるのは
経済制裁
ロシアを
SWIFTから
排除
SWIFT
（国際銀行間通信協会
が運営する世界最大の
国際送金ネットワーク）
ロシアは
輸出をしても
代金を受け取れ
なくなる

融機関も加盟しています。

たとえば私たちも日本国内で自分の銀行口座から「振り込み」をしたら、すぐに相手の口座に振り込まれますね。これは日銀が当座預金を使って決済をしているわけですが、これの国際版だと思えばいいでしょう。

たとえば欧米がロシアの天然ガスが欲しいと考え購入する場合、ＳＷＩＦＴを通じてドルで代金を支払います。

この金融システムから締め出されると、ルーブルからドルに替えられなくなり、お金の支払いや受け取りが難しくなります。つまり、**買いたい側も痛手ですが、輸出できないロシアは経済的に大きな打撃を受ける**ことになります。

２０１２年に欧米がイランに対して実施した経済制裁では、イランがＳＷＩＦＴから除外されたことで、石油の輸出による収入が大幅に落ち込みました。返り血を浴びるのを覚悟して、ロシア側に損害を与えようというわけです。

しかし抜け道もあるといわれています。中国の存在です。**中国はロシアから資源を買うとき直接、人民元で支払いをする**。するとロシアはその人民元でさまざまなものを買うことができます。

ロシアが世界市場から締め出されつつある中で、**中国が手をさしのべているという見方もあるのです**。人民元が救世主となれば、ロシアは戦費を中国から調達することができます。人民元の国際化を推進したい中国にとっては、ドルに代わって人民元を〝世界のお金〟にするチャンスです。

■「信号機連立」「ジャマイカ連立」って？

東西冷戦後、ずっと続いてきたヨーロッパの安全秩序が脅かされています。ヨーロッパには**ロシア側から調達するエネルギー問題**があり、強硬に出られない背景がありましたが、相対的にアメリカのパワーが落ちているいま、より強く結束する必要があります。

ヨーロッパのリーダーといえばドイツです。ドイツは過去の戦争の反省から、軍事支援に消極的でした。ナチスの記憶があるからです。当初はウクライナに対して「ヘルメット5000個供与」と表明し、ひんしゅくを買いましたが、武器供与を決断しました。

しかも、オーラフ・ショルツ首相は2022年2月27日、国防費を毎年GDPの2％以上に引き上げる方針を明らかにしました。**プーチンのウクライナ侵攻をきっかけに、劇的な政策転換**です。

ドイツでは、16年間首相を務めたメルケルが2021年12月8日に退任しました。これに伴い、ドイツに新しい政権が発足しました。単独で政権を担える政党がなかったので連立政権になります。このため連立交渉に時間がかかりました。合意できるかどうかを数カ月かけて確認していたからです。日本のように、すぐに妥協などしないのです。

2021年9月末のドイツ連邦議会選挙では、メルケルのキリスト教民主／社会同盟（CDU／CSU）は第2党に転落し、同じ連立与党だった社会民主党（SPD）が第1党に躍進しました。

新しい政権は、3党が連立協定に調印しています。ドイツでは政党のシンボルカラーによって連立の呼称があり、今回の組み合わせは社会民主党（赤）、緑の党（緑）、自由民主党（黄）の3色にちなんで、**「信号機連立」と呼ばれています。**

それぞれどんな党か簡単に説明すると、緑の党は環境重視、自民党は環境より経済重視、この2党は簡単に協調できるわけがありません。だから社会民主党がその間に入って「まあまあ」と調整役をやるわけです。

ちなみにメルケルの党、キリスト教民主／社会同盟のシンボルカラーは黒です。メルケル首相の4期目の連立は、黄色、緑、黒だったので、ジャマイカの国旗の色と同じであることから**「ジャマイカ連立」と呼ばれました**。

メルケル政権4期目のジャマイカ連立のときは、１００万人の難民受け入れ問題をめぐってすったもんだがあり、ドイツ国内ではいまひとつ人気がなかったのですが、メルケルは世界中から高く評価されています。メルケルの長い政権をどうみるか。

■ヨーロッパの〝肝っ玉母さん〟メルケルの引退後

フランスの女性ジャーナリストであるマリオン・ヴァン・ランテルゲムが『アンゲラ・メルケル　東ドイツの物理学者がヨーロッパの母になるまで』（２０２１年／東京書籍）という評伝を出し、メルケルのことを「ヨーロッパのお母さん」と絶賛しています。

彼女は**強いリーダーシップでEUの〝重石《おもし》〟になった、EUのアンカー（錨《いかり》）役にな**
ったと思います。イギリスがEUから離脱すると言い出し、他の加盟国でも追随する動きがあったとき、フランスのエマニュエル・マクロン大統領とともにそれを押しとどめました。

メルケルはもちろん、マクロン大統領も「EUあってのフランス」だと思っているのでしょう。EU至上主義というのか、だからこそフランス国内ではそこに反発の声もあるわけですが。

驚いたのはマクロンの大統領当選が決まったときのこと、祝賀の式典でベートーベンの「歓喜の歌」が流れたのです。フランス共和国国歌「ラ・マルセイエーズ」ではないのですね。ドイツの歌であり、欧州連合賛歌です。ルーブル美術館の前でこの曲が流れました。

マクロンとしては、ドイツのメルケルが難民を快く迎え入れたことに内心ほっとしたでしょう。メルケルが常に弱い人の味方だったのは、彼女の父親が牧師であるということも大きいかもしれません。

さらに言えば、たとえばイギリスは「多様性を認める」とは言うのですが、「よきイギリス人になってほしい」と思っているわけではありません。だからイギリス社会には、インド人のコミュニティ、パキスタン人のコミュニティなどいろいろあります。

フランスやドイツは移民に徹底的に自国の言葉を教えて、**よきフランス人、よきドイツ人になってほしいという同化政策をとります。支援もします。そこが違う**のです。

メルケルは旧西ドイツの生まれですが、生後数週間で牧師だった父親の赴任に従って旧東ドイツで育っています。東ドイツで必修だったロシア語が堪能《たんのう》だったため、プーチンと信頼関係を築き、東側との関係強化に努めました。**ロシアとの関係が良好であるほうが、ヨーロッパにとってメリットが大きいと考えていた**のだと思います。

しかし、その結果、今回のプーチンの暴挙に直面したヨーロッパ各国は、メルケルがロシアのプーチン大統領に〝甘い顔〟をしていたことが悪かったのではないかと思い始めています。ここへきて、メルケルへの評価が下がり始めているのです。

第3章　米中ロの国益が交差するユーラシア

■カザフスタンで騒乱、ここにもロシアの平和維持軍？

２０２２年に入ってすぐ、中央アジアのカザフスタンで騒乱が相次ぎました。車の燃料として使っている液化石油ガス（ＬＰＧ）の急激な値上がりに抗議するデモが、大規模化したのです。カザフスタン全土に非常事態宣言が出されました。

結局、カザフスタンはロシアに助けを求め、ロシア主導の治安部隊がカザフスタン安定化のため派遣される事態に発展しました。

カザフスタンは、かつてソ連を構成していた15の共和国のひとつです。ソ連が崩壊した１９９１年に独立を宣言しました。

カザフスタンはどんな国なのでしょうか。

カザフスタンのソ連時代の国名は「カザフ・ソビエト社会主義共和国」です。「共和国」という名称がついているので独立国家のように思えますが、**ソ連共産党に支配されたソ連の一部でしかありません**でした。ソ連が崩壊したことで独立し、カザフスタン＝

カザフ人の国という名称になりました。

大統領は、いまのカシム＝ジョマルト・トカエフでまだ2代目。カザフスタンは専制国家とみなされることが多く、影響力のある野党は存在しません。

国土は広大で、北はロシア、東は中国と接しています。民族としてはトルコ系のイスラム教徒が多いのですが、ソ連時代は宗教が抑圧されていたこともあり、宗教色はそれほど強くありません。朝鮮族も住んでいて、私が2011年にカザフスタンに取材に入ったときは、イスラム教徒には禁忌とされている豚肉を食べさせる朝鮮料理の店も多くありました。

なぜ中央アジアに朝鮮族が住んでいるのでしょうか。それはまたもや、あの人、1937年、ヨシフ・スターリンによって「強制移住」させられたからです。

ソ連は朝鮮とも国境を接し、国境沿いには朝鮮族も住んでいます。当時は、日ソ関係が悪化していたので、朝鮮人が日本のスパイになるのではないか、ソ連国内の朝鮮族が日本人の味方をするのではないかと恐れ、彼らを極東からソ連内のカザフ共和国やウズベク共和国に追放したというわけです。

スターリンというのは、それほど猜疑心《さいぎ》が強い男だったのですね。

■カザフスタンが多民族国家である理由

さらに言うと、スターリンによってカザフ共和国に強制移住させられたのは朝鮮族だけではありません。チェチェン人もそうです。

第2次世界大戦中、ナチスドイツ軍がソ連へと侵攻してくると、チェチェン人がドイツ軍と組んで反抗するのではないかと恐れ、カザフ共和国やシベリアに追放しました。

カザフスタンは砂漠が多い地です。敵に回るかもしれない民族を追いやっておくには適した場所だと考えたのでしょう。劣悪な環境のために、命を落とした人も少なくなかったようです。その結果、現在のカザフスタンには実に多様な民族が住んでいます。

実はカザフスタンはこれまで政情が安定していて、旧ソ連諸国の中で「最も安定した国」とみられていました。ところが、2022年に入って抗議運動が大規模化し、死者が出て一挙に注目を浴びることとなったのです。

あまり知られていませんが、カザフスタンは産油国で、石油開発にアメリカ資本を導入し、海外に石油を売って堅実に経済を発展させてきました。

国内では、人気取りのために液化石油ガス（ＬＰＧ）の上限価格を定めてきました。しかし、アメリカの石油産業としてはカザフスタン国内向けの価格は上限があるため、より高く売れる海外向けを増やしました。そのため、国内で燃料不足が起きたのです。デモが起きて慌てたトカエフ大統領は、「ＬＰＧの価格を従来よりも下げる」という決定をしましたが、それでもデモが沈静化することはありませんでした。

なぜなら、国民の怒りはＬＰＧの価格よりも前大統領の**ヌルスルタン・ナザルバエフの長期独裁に向けられていたから**です。

■国民の怒りは28年間の「長期独裁」に

ソ連時代にカザフ共和国の大統領だったナザルバエフは、独立後もそのまま独立国家の大統領に横滑りしました。**２０１９年に辞任するまで28年間にわたり、政治権力を掌**

握していたのです。2010年には「国民の指導者」という称号まで得て、「国父」として君臨してきました。

しかも、2019年に辞任する際には、自分の側近だった上院議長のトカエフを後継者に指名。**大統領の座を譲ったものの、国家安全保障会議議長として最高権力を握り続けた**のです。見せかけの権力移譲ですね。

国民のナザルバエフに対する激しい怒りが、今回の大きなデモの背景にはあったのです。抗議行動が暴動に発展すると、トカエフ大統領はロシアに助けを求めました。

国内の治安維持の問題で外国が介入するのかと思われるかもしれませんが、カザフスタンは**ロシアが主導する旧ソ連圏の軍事同盟である「集団安全保障条約機構」(CSTO)に加盟**しています。よって支援を要請したというわけです。これに応じてロシア軍を主力とする2500名の部隊が動きました。

CSTOは、1992年に旧ソ連の構成共和国6カ国が調印したタシケント条約に基づく多国間安全保障の枠組みです。現在の加盟国は、ロシアのほかアルメニア、ベラルーシ、カザフスタン、キルギス、タジキスタンです。顔ぶれをみると、いわば「**ソ連体**

制の遺物」です。これらの国は加盟国が攻撃を受けたときは集団的自衛権を行使します。

東西冷戦時代にはソ連と東欧諸国によるワルシャワ条約機構がありましたが、先に述べたとおり、1991年のソ連崩壊とともに解体しました。しかしその後もロシアは、周辺の地域に影響力を保つためにCSTOを発足させていたのです。

今回、カザフスタンへ送り込まれた部隊の中心はもちろんロシア軍の特殊部隊。2014年、ロシアがウクライナのクリミア半島を併合したときと同様の精鋭部隊とみられています。

2022年に入って、世界の耳目を集めたカザフスタンの反政府デモですが、私はかつて冷戦時代、チェコスロバキア（当時）で起きた民主化運動「プラハの春」を思い出しました。

プラハの春とは、1968年に共産主義体制下のチェコスロバキアで起こった民主化運動です。体制の危機を感じたソ連は、ワルシャワ条約機構軍を投入し、民主化運動を踏み潰《つぶ》しました。今回は**カザフスタンで、その現代版が展開されたの**です。カザフ史上最大の騒乱となりました。

ロシアのプーチン大統領は、カザフスタンをロシアの勢力圏につなぎとめようとしています。カザフスタンはロシアとの経済同盟「ユーラシア経済連合」にも参加しています。今後も**加盟国で政府を批判する動きがあれば、何が起きるかを示した**といえるでしょう。

■上海協力機構にイランが正式加盟へ

CSTOと似たような組織に、**上海《シャンハイ》協力機構（SCO）**があります。

2021年9月、SCO首脳会議がタジキスタンの首都で開催され、オブザーバー国として参加していたイランが正式加盟しました。「CSTO」と何が違うのか。

CSTOは〝ロシア中心〟の集団安全保障条約機構ですが、SCOは、**〝中国中心〟の多国間協力組織**です。2001年に中国・ロシア・カザフスタン・キルギス・タジキスタン・ウズベキスタンの6カ国によってスタートしました。互いに接している国境の緊張状態を解消するためのものといわれていますが、直接の狙いはこの地域のイスラム

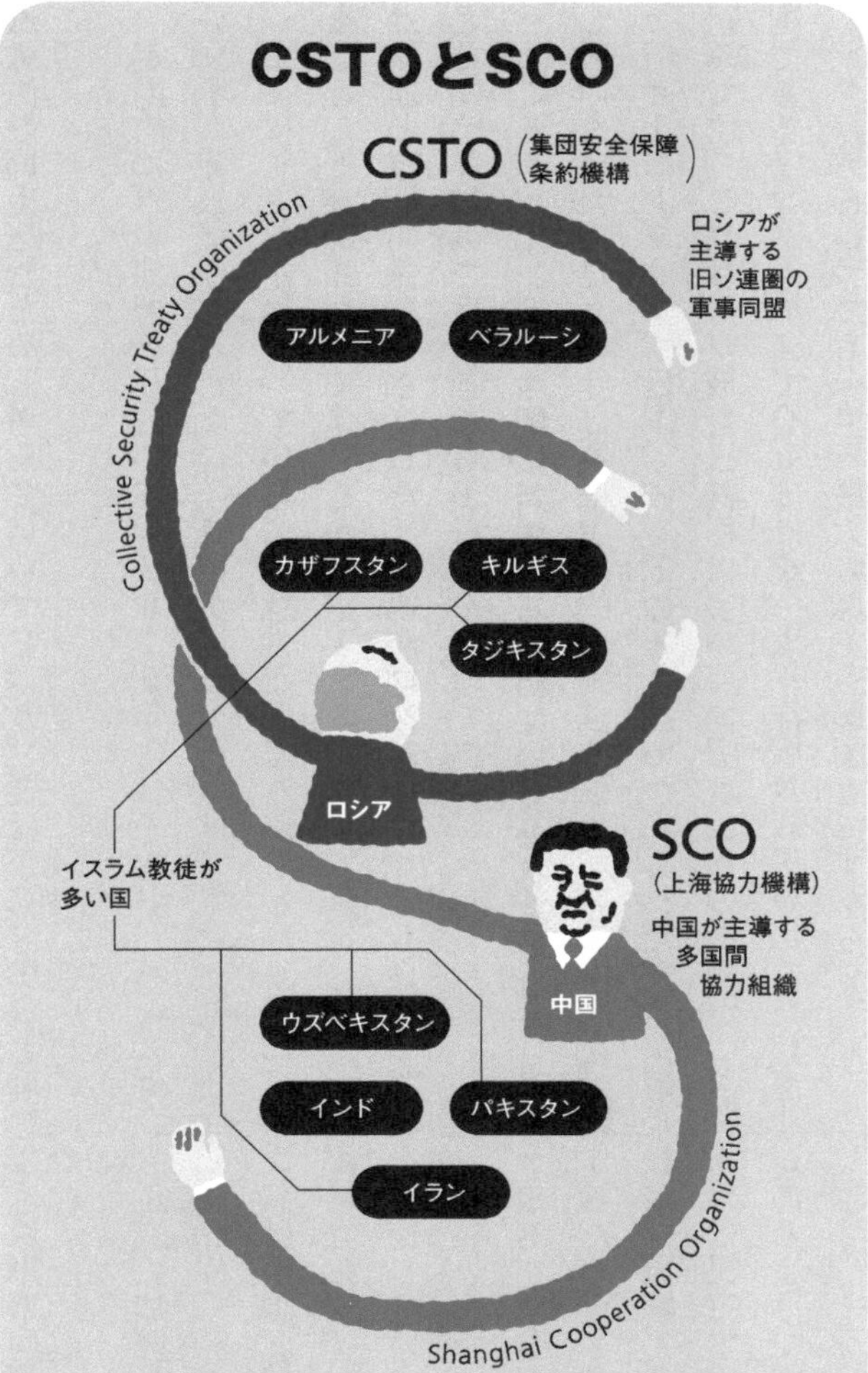
CSTOとSCO
CSTO（集団安全保障条約機構）
Collective Security Treaty Organization
ロシアが主導する旧ソ連圏の軍事同盟
アルメニア
ベラルーシ
カザフスタン
キルギス
タジキスタン
ロシア
SCO
（上海協力機構）
中国が主導する多国間協力組織
中国
イスラム教徒が多い国
ウズベキスタン
インド
パキスタン
イラン
Shanghai Cooperation Organization

過激派を抑え込むためと考えていいでしょう。要は、ＣＳＴＯと同じような軍事同盟です。

定期的に軍事演習をしていて、２０１５年にはインド、パキスタンも正式に加盟しています。そして今回、新たにイランが加わったわけです。

ここにインドが加わっているのは意外だと思うかもしれません。インドは中国と戦争をしたことがあるからです。しかし、１９６０年代以降、ソ連と中国が対立し、インドはソ連と友好関係を築きました。ソ連がロシアになっても良好な関係を維持しています。さらにテロ対策では中国とも手を結んだのです。

ところが、**インドは中国に対抗するためにつくられたＱｕａｄ（クアッド）にも加盟**していますね。Ｑｕａｄは覇権主義的な動きを強めている中国を牽制《けんせい》するため、アメリカ、オーストラリア、日本、インドの４カ国でつくられた安全保障や経済を協議する枠組みです。これは、安倍晋三首相によって提唱されたのですが、アメリカは民主主義の国であるインドも加えてＱｕａｄを、太平洋版ＮＡＴＯにしたい思惑があるようです。インドは何といっても「世界最大の民主主義国」ですから。

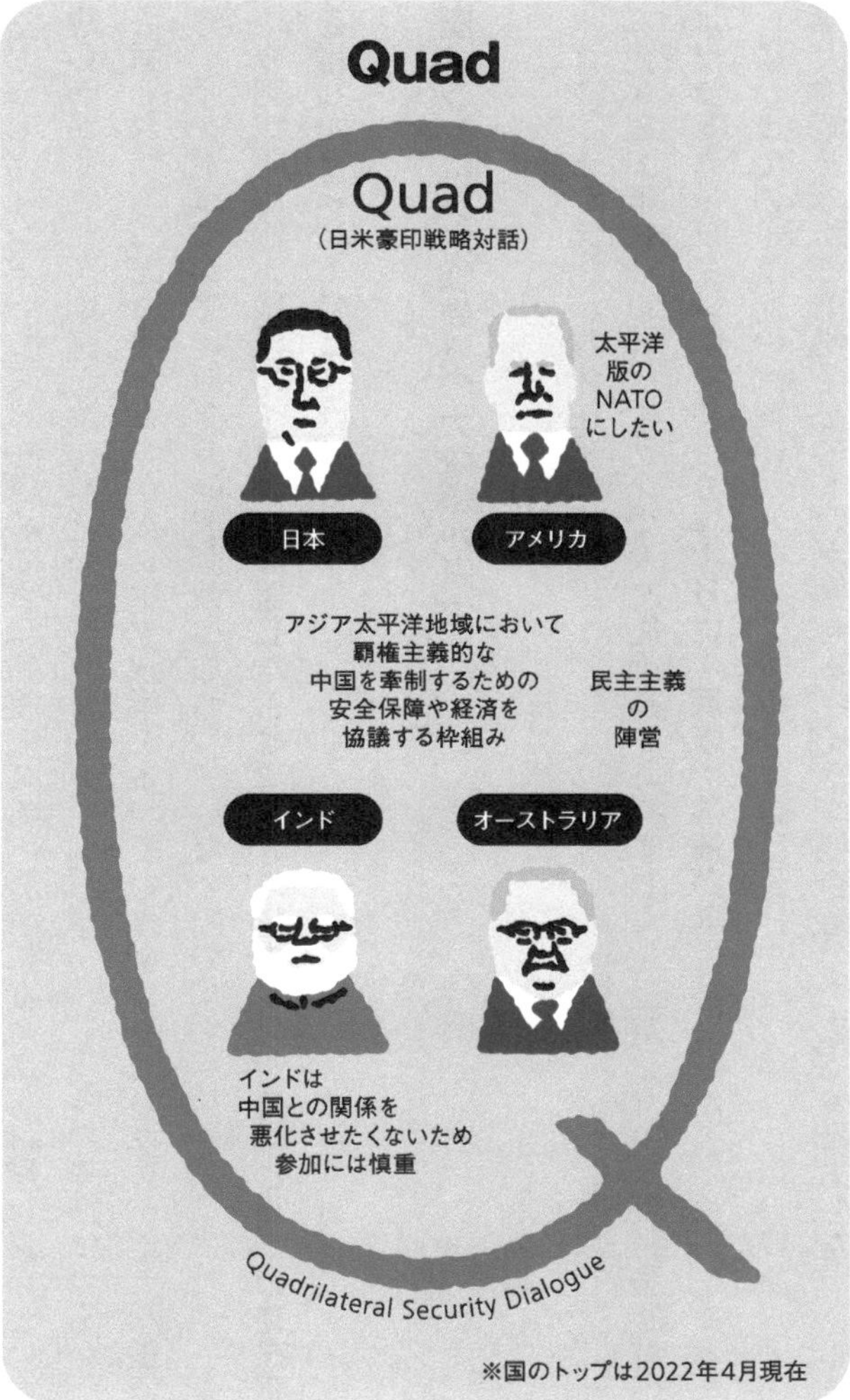
Quad
Quad
（日米豪印戦略対話）
太平洋
版の
NATO
にしたい
日本
アメリカ
アジア太平洋地域において
覇権主義的な
中国を牽制するための
安全保障や経済を
協議する枠組み
民主主義
の
陣営
インド
オーストラリア
インドは
中国との関係を
悪化させたくないため
参加には慎重
Quadrilateral Security Dialogue
※国のトップは2022年4月現在

しかし、インドとしては中国のことは敵視しても、戦争になることは避けたいという思いがあります。中国と決定的に対立はしたくないのです。「どちらの陣営につくか」と言われても、どちらにもつかない中立政策をとっています。今回のウクライナ問題でも、インドはロシアに対する経済制裁に加わっていないのです。

今回、上海協力機構に**イランが加盟したことで、アメリカへの対抗軸としての存在感を増した**といえるでしょう。

■イランに反米強硬派の大統領が誕生

イランといえば、反米国家ですね。

2021年6月20日、イランで大統領選挙がありました。当選したのは反米強硬派のエブラヒム・ライシ師です。**8年ぶりに「反米」政権が誕生**しました。

これまでのイランの大統領、ハサン・ロウハニは穏健派で、アメリカのバラク・オバマ大統領との間で核開発をストップさせる「イラン核合意」を成立させました。

ところがドナルド・トランプ前大統領が核合意から離脱し、イランに対する経済制裁を強化したことから、イラン国内では「やっぱりアメリカは信用できない。ロウハニはアメリカに騙《だま》された」という空気が強まりました。

新しく大統領になったライシ師は、イスラム法学者です。イスラム教の預言者ムハンマドの子孫にのみ着用が認められる黒いターバンを身に着けていて、現在のイランの最高指導者アリー・ハメネイ師の後継候補の1人と目されています。

過去にもこのシリーズで解説しましたが、イランの大統領というのは特殊です。普通は大統領といえば国家元首であり、トップに君臨するイメージですが、**イランには大統領より上に「最高指導者」が存在する**のです。それがことし83歳になるハメネイ師です。国政全般に最終決定権を持ち、絶大な権力を握っています。

「師」という敬称がつくのは、高位のイスラム法学者だから。では、誰が最高指導者を選ぶのか。それはイスラム法学者たちからなる専門家会議で、一般国民は関与できません。

イランは一般国民が直接選挙で大統領を選出できるという、一見、民主的な政治制度なのですが、その上にいる最高指導者は国民が選べない。つまり、**イランはイスラム法学者によって全体がコントロールされている国**なのです。

■イランの最高権力者は大統領ではないが……

大統領もいる一方で、「最高指導者」がいる。イランがこんな仕組みになっているのは、1979年にイスラム革命が起きたからです。

イランはイスラム教を国教とするイスラム共和国なのですが、国民の多くがイスラム教では少数派の「シーア派」で、**アメリカと敵対の歴史が始まる「イスラム革命」が起きて以来、イスラム教シーア派の法学者による統治が続いています**。

シーア派は、イスラム教の預言者であるムハンマドのいとこのアリーの血を引く者がイスラム教徒を率いるべきだという考え方をする派で、アリーの血を引く後継者はイマーム（指導者）と呼ばれ、イマームに指導されるのが理想と考えています。

ところが12代目のイマームが突然、姿を消してしまいました。困惑した信者たちは、

「イマームはお隠れになっただけだ。この世の終わりに再臨する」と考えました。この考えを受け継ぎ、アヤトラ・ホメイニ師が、「12代目のイマームが再臨するまでの間は、イスラム法学者が統治すべきだ」と考えたのです。

こうして、イランは最高指導者の指導に従う国家になったというわけですね。

初代の最高指導者ホメイニ師の死後、1989年に現在のハメネイ師が最高指導者となりました。

イランの大統領は軍に対する権限などは持たず、国会や司法と並ぶ行政の長に過ぎません。それでも穏健派になるか反米強硬派になるかで、外交政策は大きく変わってくるのです。

アメリカは、大統領となったライシ師が司法府の幹部だった1988年、司法手続きを経ずに多くの政治犯の死刑執行を命じたなどとして、制裁対象にしています。

■アメリカとイランの「作用・反作用」

イランに穏健派に代わって強硬派の大統領が誕生したとき、私はちょっと物理学の「作用・反作用の法則」のようだと思いました。

何か動きがあれば、必ずその反対の動きも生じるという意味です。

たとえば2001年の9・11アメリカ同時多発テロの翌年1月、アメリカの当時のジョージ・W・ブッシュ（息子）大統領は、イラン・イラク・北朝鮮を「悪の枢軸」と名指ししました。核開発疑惑のあった3カ国です。

当時、イランの大統領は穏健派のモハンマド・ハタミでした。ハタミ大統領はそれまで反米的だったイランの政策を見直そうとしていました。ところがブッシュ大統領の発言でイラン国内の雰囲気は一変し、2005年の大統領選挙では反米強硬派のマフムード・アフマディネジャドが当選したのです。**アフマディネジャドはハタミ大統領になってから中断していた核開発を再開**させました。

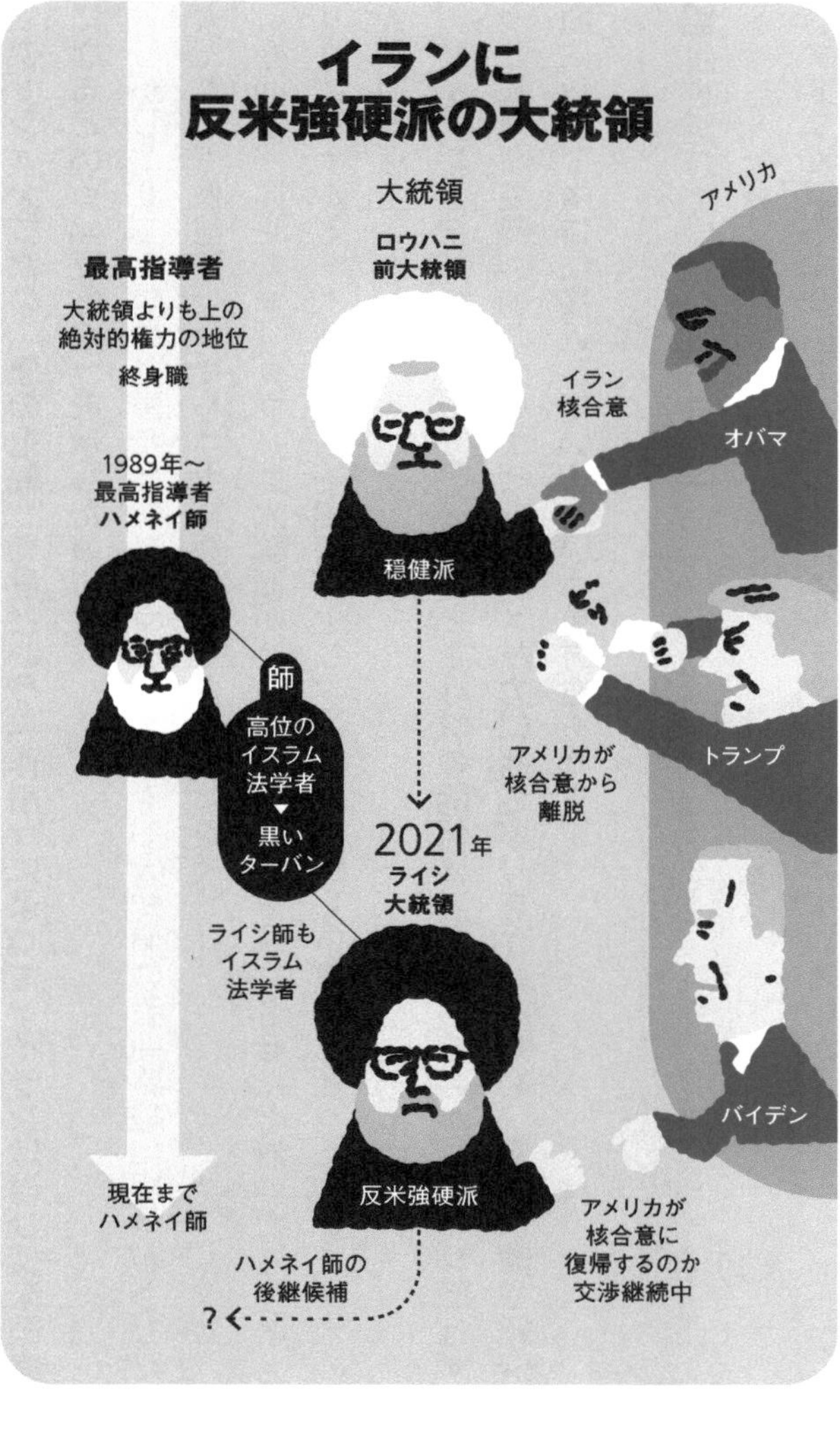

イランに
反米強硬派の大統領
大統領
アメリカ
ロウハニ
前大統領
最高指導者
大統領よりも上の
絶対的権力の地位
終身職
イラン
核合意
オバマ
1989年～
最高指導者
ハメネイ師
穏健派
師
高位の
イスラム
法学者
黒い
ターバン
トランプ
アメリカが
核合意から
離脱
2021年
ライシ
大統領
ライシ師も
イスラム
法学者
バイデン
現在まで
ハメネイ師
反米強硬派
アメリカが
核合意に
復帰するのか
交渉継続中
ハメネイ師の
後継候補
?

ブッシュ大統領の「悪の枢軸」発言という「作用」によって、イランは再び反米国家になるという「反作用」を示したのです。

しかし2013年の選挙では、アフマディネジャド大統領の強硬路線に嫌気がさした人たちが、穏健派のロウハニ大統領を誕生させました。

今回も、同じです。ロウハニ大統領がオバマと核合意を成立させたと思ったら、アメリカにドナルド・トランプ大統領が誕生し、イランに厳しい態度をとったことで反米の大統領が誕生しました。

バイデン大統領の誕生で、アメリカとイランの関係はどう変わるのか。ライシ師はずっと強気な姿勢を崩していません。**アメリカに揺さぶりをかけるため、安全保障や経済面において中ロに接近しているという見方も**あります。

■生き延びていた「タリバン」

アメリカ軍が完全撤退したアフガニスタンはどうなっているのか。

アフガニスタンは、北は旧ソ連のタジキスタン、ウズベキスタン、トルクメニスタンと国境を接します。西はイラン、東はパキスタンと国境を接する内陸国です。

周囲を多くの国に囲まれていることもあって多民族国家で、最大民族はパシュトゥン人、ほかにもタジク人やウズベク人、ハザラ人などが住んでいます。かつてはモンゴル帝国に支配されたことがあり、ハザラ人というのはモンゴル系で、日本人そっくりの顔立ちをしています。

この**アフガニスタンに1979年、ソ連が攻め込む**のですね。理由はアフガニスタンでソ連に敵対する政権ができそうになっているのを阻止することでした。しかし、宗教を否定する共産主義の軍隊が侵入することに反発したイスラム教徒が武器を持って抵抗します。彼らは「ムジャヒディン」（イスラム聖戦士）と呼ばれました。

東西冷戦でソ連と対立していたアメリカは、ソ連を弱体化させるためにパキスタン経由でムジャヒディンに武器を供与し、支援に回ります。

その結果、**ソ連は多数の犠牲者を出して1989年に撤退するのです。これが、ソ連崩壊の原因のひとつ**となりました。

ソ連が撤退すると、アメリカは関心を失います。それがきっかけでアフガニスタン国内は内戦となってしまいます。

タリバンというのは「神学生」を意味する「タリブ」の複数形です。ソ連軍がアフガニスタンに攻め込んできたとき、パキスタンに逃げた難民たちの子どもを対象に、パキスタン国内のイスラム原理主義集団が神学校をつくり、極端な教えを叩《たた》き込みました。この学生たちにパキスタン軍が武器を与え、アフガニスタンに送り込んだのです。彼らが1996年、故郷のアフガニスタンに戻って政権を掌握するのですね。

しかし2001年にアメリカ同時多発テロが起き、当時のブッシュ大統領がアフガニスタンに攻め込んだことでタリバン政権は崩壊します。

あれから20年、地方に追いやられていた**タリバンがまた勢力を拡大、再び政権を掌握しました。**これまでの20年は何だったのでしょう。

■「民主主義を広める」はアメリカの思い上がり

アメリカはテロの首謀者、オサマ・ビンラディンを殺害することには成功しましたが、**アフガニスタンに民主主義を根付かせることはできませんでした。**

タリバンはイスラム原理主義の極端な教えを叩き込まれた若者たちです。

2001年、アメリカがタリバン政権を崩壊させた後、どうすればよかったのか。**カギを握っていたのはパキスタン**だったと思います。

アフガニスタンとの国境沿いのパキスタンに住む民族はパシュトゥン人です。タリバンがパキスタンに逃げ込むと、彼らがかくまいました。国際社会がパキスタン政府にもっと圧力をかけ、タリバンをかくまわないようにできなかったものかと思ってしまいます。

いずれにしても、「正義」を振りかざし、他国の政治に介入して、都合のいい政権をつくるのは限界があるのです。「アフガニスタンに民主主義を根付かせる」という発想自体が、アメリカの思い上がりだったのではないでしょうか。

■トルコ製ドローンが「ナゴルノ・カラバフ紛争」でも戦果

今回、ロシアが侵攻したウクライナの東部で、親ロシア派武装集団を攻撃するのにトルコ製の攻撃ドローンが使われ、注目を浴びました。

トルコ製のドローンは2020年9月のコーカサス地方のアゼルバイジャンとアルメニア間で起こったナゴルノ・カラバフ紛争で戦果を挙げました。

実はこの紛争も、旧ソ連を構成していた国同士によるものです。この紛争がどんなものだったのか、簡単におさらいしておきましょう。

アゼルバイジャンに、アルメニア人が多数を占める「ナゴルノ・カラバフ自治州」という地域があります。旧ソ連では、アゼルバイジャン共和国の自治州で、ナゴルノ・カラバフではアルメニアへの編入を求める声が絶えませんでした。

しかし**お互いソ連の一部だったので、ソ連時代は問題が棚上げされていました。**

要するにこの紛争は、ナゴルノ・カラバフという土地が、「アルメニアに属するのか、アゼルバイジャンに属するのか」で争われた、**アルメニアとアゼルバイジャンの戦争**だったのです。

アゼルバイジャンはトルコ系民族の国で、イスラム教徒が多数です。一方、アルメニアは世界で最初にキリスト教を国教化した国として知られます。宗教はアルメニア正教です。

2020年、ナゴルノ・カラバフ自治州をめぐって、アゼルバイジャンとアルメニアが大規模な戦闘になった際、ロシアは介入しませんでした。

それもあって、アゼルバイジャン側がトルコ製のドローンを多用し、長らく占領されていたナゴルノ・カラバフの一部の奪還に成功。アゼルバイジャンの勝利、アルメニアの敗北に終わったのです。

ちなみにアルメニアは、第1次世界大戦のときの「アルメニア人強制移住問題」をめぐってトルコとの間に歴史問題を抱えています。

トルコの前身となるオスマン帝国の中で、キリスト教徒のアルメニア人は、〝帝国の安全を脅かす存在〟として大勢が虐殺されたのですが、トルコはこれを認めようとしません。

2021年4月、ジョー・バイデン大統領は、アメリカの大統領として初めて**「アルメニア人大量殺害はジェノサイド（大量虐殺）だった」と認定**しました。過去の大統領は、同盟国であるトルコとの関係悪化を懸念し、「ジェノサイド」と呼ぶのを避けてきたのです。これにトルコ側は反発しています。

■国民が「経済音痴」の大統領の犠牲に

ユーラシア・グループによる2022年の「世界の10大リスク」に入っていたトルコ。トルコでは、**通貨リラの暴落による物価高騰が市民の暮らしを直撃**しています。自国の通貨が安くなると、輸入品の価格は上がります。このところエネルギー価格の高騰により、世界的に物価が高いうえにリラ安が進み、トルコ国民にとってはダブルパンチです。きっかけはレジェップ・タイイップ・エルドアン大統領の経済政策にあります。

エルドアンは、高インフレにもかかわらず金利を引き下げると表明しました。金利を引き上げようとした中央銀行の総裁を立て続けに3人更迭《こうてつ》しました。

通常、物価が上昇した場合には金利を上げて物価の抑制を図ります。ところがエルドアンは金利を上げると景気が悪くなると考え、物価が高くても金利を下げ、輸出を拡大することで経済を上向かせようとしているのです。

エルドアンの経済音痴によって、急激なインフレが進み、国民が苦しめられているのです。しかし、大統領による独裁が進むトルコでは、ちょっとでも政府のことを批判すると捕まる恐れがあるので強く反対する人たちが出てこないのです。

また、こんなことも起きています。新疆ウイグル自治区のウイグル族が、同じイスラム教徒ということでトルコに助けを求めて相当数が逃げ込んだのですが、トルコは中国との経済関係を重視し、ウイグル族の摘発を始め、中国に送り返しています。同胞のイスラム教徒をちっとも守ろうとせずに、**対中接近を加速させているの**です。

独裁者への「権力の集中」が進んでいることは、ロシアとトルコの共通点ですね。

第4章

〝経済からイデオロギー〟へ。転換した中国

■ウクライナと中国の意外に「密」な関係

ロシアがウクライナへ侵攻すると、態度を保留した中国。**中国は、ロシアともウクライナとも関係が深い**ので、「停戦へ向けて仲介に動くのではないか」など、出方が注目されていました。

ロシアと中国の関係が深まっているのはともかくとして、ウクライナと中国の関係がいいことは、あまり知られていないかもしれません。

中国は〝中国の最初の空母〟といわれる「遼寧《りょうねい》」を、ウクライナから購入しています。

遼寧は、もともとソ連の「ヴァリャーグ（ロシア語でバイキングの意味）」という空母です。クリミア半島のセバストポリに造船所があるのですが、そこで空母をつくっている最中にソ連が崩壊しました。

結果、製造中の空母はウクライナのものになったのですが、1998年に、香港在住の実業家が「マカオで海上カジノとして使いたい」と購入を希望したのです。ウクライナ側は、「それなら」と空母の装備をすべてはずして単なるハコとして売ることにしました。

ところが、ウクライナからマカオへ入るはずが、そのまま中国の海軍基地に入ってしまったのです。

購入したのはペーパーカンパニーでした。カジノにするとウソをついて購入し、中国軍に引き渡したのです。中国は、ウクライナで失業した技術者を大量に高給で雇い、空母を完成させました。

その空母に「遼寧」という中国名をつけたのです。

ウクライナは中国が主導する「一帯一路」戦略にとっても重要な国です。中国はウクライナに多額の投資をしていますし、また、現在の**ウクライナの貿易相手国はロシアを抜いて、中国が1位**となっています。

中国の習近平にとっては、ロシアとウクライナの問題より、自らの3選を確実にするほうが先かもしれません。

■2022年秋　注目の中国共産党大会

2021年は、中国にとって「中国共産党創立100年」という大きな節目の年でした。そして2022年の中国で最も注目されるイベントが、この秋に開催が予定される**5年に1度の中国共産党大会**です。

最大の焦点は、習近平自身の人事です。

中国の最高権力者は中国共産党のトップである「総書記」で、中国では、共産党の総書記が国家主席を兼務することが慣例となっています。

中国は国家主席の任期を「2期10年」と憲法に明記していました。しかし、習近平政権は2018年に憲法を改正し、この**国家主席の任期を撤廃**しました。

一方、総書記には任期制度はないのですが、「党大会時に68歳以上は引退」との慣例が定着していました。しかし習近平には適用せず、党大会で3期目の続投を決めることが確実視されています。つまり、**国家主席の任期を撤廃することで毛沢東時代のような「終身制」に道を開くことになる**のです。

かつて建国の父・毛沢東が務めた「党主席」のポスト（1982年以降、廃止されていた）を復活させるとの見方もあります。

党主席のポストは、毛沢東の死後、しばらくして廃止されました。毛沢東は文化大革命で多くの混乱を引き起こしました。それは彼を個人崇拝したのがまずかったのだという反省から、共産党の「党主席」というポストをなくし「総書記」としたのに、それをまた元に戻すかもしれません。総書記というのは、中国共産党中央政治局常務委員の7人のうちのひとりという位置づけですが、主席になると圧倒的に強い立場になります。

もはや〝終身皇帝〟となりつつある習近平。中国の今後は、習近平が何をしようとしているのか、その国家構想によって動いていくといえます。

■習近平による「文化大革命2・0」

習近平はこれから何をしようとしているのか。『ニューズウィーク』日本版2021年12月7日号に「文化大革命**2・0**」という特集がありました。習近平が主導する21世紀の共産主義回帰運動「新・文化大革命」。私はまさしく、これをやろうとしているのではないかと思っています。

習近平は、自分が尊敬してやまない毛沢東がやりきれなかったことを、実現させたい。「文化大革命**2・0**」を理解するためには、まず、そもそも文化大革命が何だったのかを知らないといけません。

毛沢東の文化大革命（1966〜1976年）によって、実に多くの人が死に至らしめられました。この**文化大革命は、権力を失った毛沢東が権力を奪還するための権力闘争だった**ということです。なぜ毛沢東が権力を失ったのか。

1949年、「中華人民共和国」が建国されます。このとき、毛沢東は2つの主席となりました。中華人民共和国の主席であり、中国共産党の主席です。共産党の主席がそのまま国家の主席になるという状態ですね。

中華人民共和国ができた当初、中国はソ連べったりの状態でした。１９５７年、そのソ連のトップだったニキータ・フルシチョフが「これから15年以内に、世界一の工業大国であるアメリカを追い越す」と宣言します。中国は当時、ソ連の〝弟分〟ですから、毛沢東は「ソ連がアメリカを追い越すなら、中国はアメリカの弟分のイギリスを追い越そう」と決意し、**１９５８年から「大躍進政策」を始める**のです。

これがことごとく失敗するのですね。鉄の生産用の燃料確保のために中国全土で森林が伐採されたために砂漠化が進みました。農民たちは鉄の生産に駆り出されて農業をする時間が奪われ、食べるものがなくなって、とてつもない飢饉《ききん》が起きました。３０００万人が餓死したといわれています。

■毛沢東のおかげでみんな平等に「貧しくなった」

さすがにこれだけの人が亡くなると、毛沢東の責任を追及する声が上がり、彼は**国家主席の座を降ります。しかし、中国共産党の主席だけは譲りませんでした。**

すると2人の主席が存在することになります。1人2役のときはよかったのですが、2人になると、国家機関のトップ国家主席に報告がいくことになるわけですね。共産党の主席がないがしろにされる。**毛沢東の力が失われていく**わけです。

毛沢東は国家主席だった劉少奇《りゅうしょうき》に嫉妬《しっと》し、何とか権力を奪い返したいと起こしたのが、文化大革命というわけです。**毛沢東の〝権力奪還のための〟思想改革運動**です。

毛沢東は、「中国は革命で成立した。でも革命は1回では終わらないのだ」「長く続くと腐敗してくるから革命は続けなければいけない」「腐敗した連中を打倒せよ」と、青年たちを煽《あお》ります。全国の中学生、高校生、大学生たちは「紅衛兵《こうえいへい》」（共産主義を守る衛兵）と自称し、〝革命〟を始めます。

紅衛兵たちは権力者を次々と引きずりおろし、自己批判させる。あるいはさらし者にしてビルの屋上から突き落とす。こういうことを中国全土で繰り広げました。北京市内の高級中華料理店を次々に襲撃し、高級料理をお客に提供するのは革命的ではない。庶民に提供するメニューに全部書き換えろとやる。そのうち、いくつもの紅衛兵のグループが運動方針をめぐって対立し、最後は殺し合いが続きます。

毛沢東が、「みんなが平等に」という政策をとったら大混乱となり、みんなが平等に貧しくなってしまった。これが文化大革命です。中国の近代史で最大の汚点ですね。文化大革命が終わったのは、毛沢東が死んだからです。

■鄧小平による摩訶不思議な「社会主義市場経済」

毛沢東亡き後、鄧小平《とうしょうへい》が「これではダメだ、豊かになれる人から豊かになればいい」と**「先富論」を唱えます。改革・開放です。**あちこちに経済特区をつくり、経済特区の中だけで資本主義を試してみたのです。これが成功しました。

それならば、特区を取り払って中国全土で資本主義を実践しよう。共産党のもとで摩《ま》訶《か》不思議な言葉が生まれました。「**社会主義市場経済**」です。首をかしげました。

「社会主義」と謳《うた》っているということは、政府が方針を決めて計画通りに経済活動を進めようということです。「市場経済」というのはマーケットに任せるという意味です。需要と供給で決めればいいということですから、資本主義そのものです。

社会主義と市場経済、水と油をいっしょにやるのか。実際は社会主義市場経済とは、わかりやすく言えば「中国共産党の言うことさえ聞いていれば、いくら金儲《もう》けをしてもいい」というものでした。

結果的に中国は、1990年以降、年によっては年率2ケタの勢いを実現するなど、急激な経済成長を遂げます。鄧小平曰《いわ》く「金持ちになれる人間は先に金持ちになってもいい。いずれ富は全体に行き渡るから」。それで中国は**豊かになったのですが、格差が猛烈に広がりました**。

中国が世界2位の経済大国になったのは、間違いなく鄧小平の功績といえるでしょう。改革・開放で外資企業の進出を認め、どんどん工場をつくって世界の工場になりました。

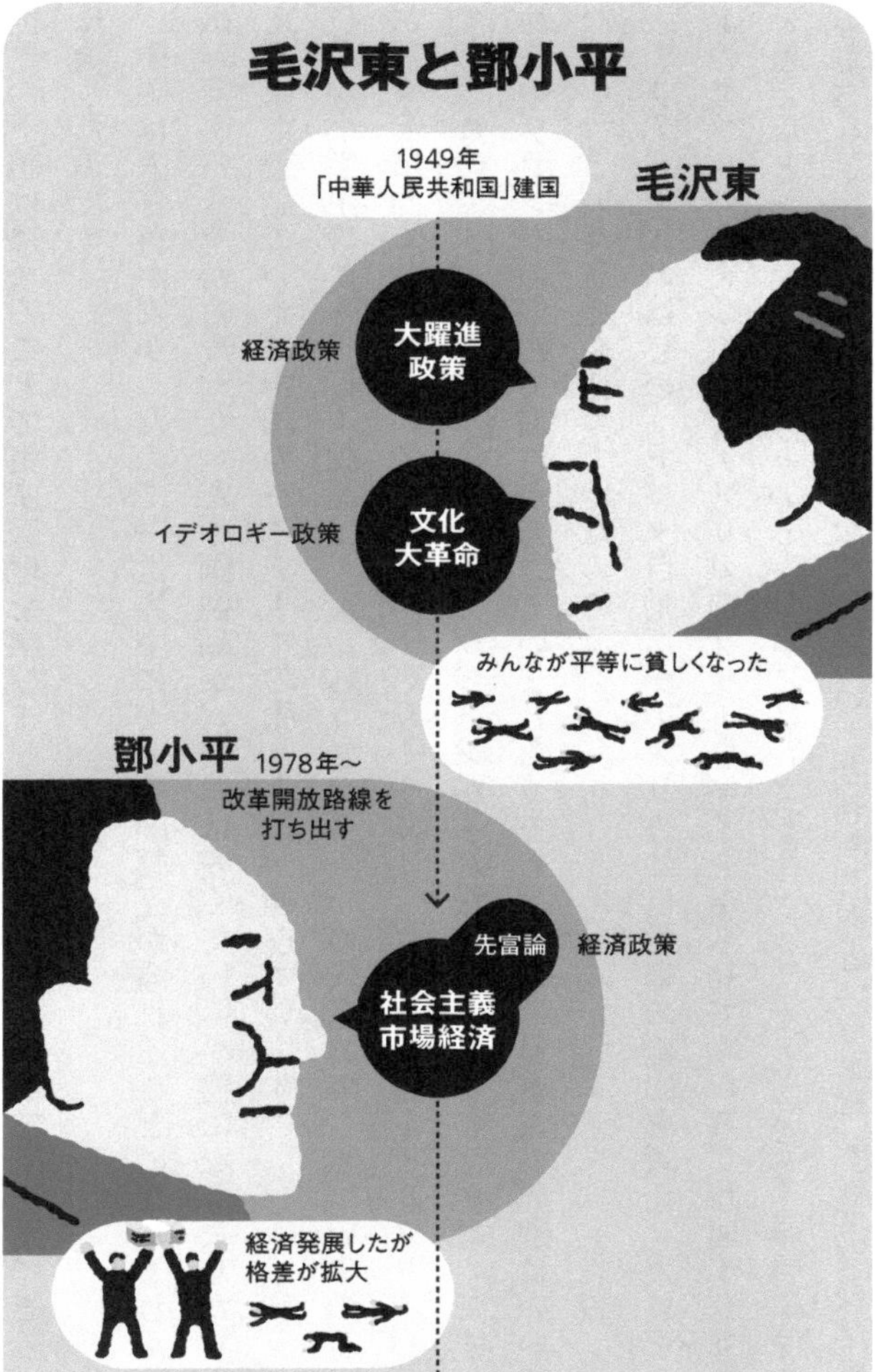
1949年
「中華人民共和国」建国
毛沢東
経済政策
大躍進政策
イデオロギー政策
文化大革命
みんなが平等に貧しくなった
鄧小平
1978年～
改革開放路線を打ち出す
先富論
経済政策
社会主義市場経済
経済発展したが格差が拡大

毛沢東と鄧小平

世界の下請けになることで生産管理を学びました。きちんとした品質管理ができるようになったのです。

中国は人件費が安かったので、世界中に安い中国製品が溢《あふ》れることになりました。昔は「安かろう悪かろう」だった中国製品が、いまは安くていい品物になりました。たとえば家電製品でいえば中国のハイアールの売り上げが伸びています。

私が小学生のころ、日本製品は「安かろう悪かろう」の代名詞でした。いまの若い人に言うとびっくりされるのですが、バーバリーやルイ・ヴィトンのトイレスリッパなんてあったのです。バーバリーやルイ・ヴィトンがそんなものつくるわけがないですね。海外のブランドの偽物で溢れかえっていました。でも、当時は日本人も「別にいいじゃないか」という意識を持っていたのです。

1970年代のはじめ、トヨタ自動車がアメリカに自動車の輸出を考え、カローラの上のクラスの車をつくってアメリカのフリーウェイを走らせてみたら、時速100キロを超えたとたん、車体がガタガタいって分解しそうになります。慌てて路肩に停めて「まだ、アメリカに輸出できる状態ではない」と判断したというエピソードもあります。

それがみるみる品質が良くなって、いまやトヨタの車といえば世界から信頼されるブランドになりました。中国人も、かつての日本のように、先進国のさまざまなブランド企業の品質管理のやり方を必死に学んだのです。

たとえばユニクロ製品のタグには、すべてバーコードがついています。欠陥品を店に持って行きバーコードを読み取れば、中国のどこの工場のどこの生産ラインでつくられたかすぐわかります。直ちに連絡され、原因究明が行われます。そのノウハウを獲得することができれば、ユニクロではない独自のブランドを立ち上げ、その品質管理を応用するのはたやすいことです。

■習近平のスローガンは「共同富裕」

つまり、大躍進政策や文化大革命で中国が極貧状態になったとき、鄧小平が頭角を現し、「先富論」を掲げて資本主義を導入しました。そうしたら経済は発展したものの格差が拡大し、政府への不満も高まってきた。それをいま習近平は大幅に変え、**もう一度、**

毛沢東のような共産主義の理想に戻ろうとしているのです。

「第2の毛沢東になろう」。毛沢東が平等を目指した結果、中国人は平等に貧しくなってしまった。でも、いまの中国は前と違って豊かになったから、今度は「みんなが揃って豊かになろう」というわけです。

それをうまく表現したのが「文化大革命2・0」でした。**習近平が掲げたスローガンは「共同富裕」**です。これはそもそも毛沢東が1953年に提唱したものの実現できなかったことなのです。

そこで格差をなくすために目をつけられたのが資産家です。中国一の富豪だったIT大手、アリババ集団創業者のジャック・マー氏は、講演会で公然と中国の金融当局を批判した直後、しばらく表舞台に姿を現さなくなりました。ジャック・マーだけではありません。不動産王も失踪《しっそう》したり、消息不明になったりしています。

富豪は「共産党統治の脅威」、だからそれを認めない。習近平は、「事業で大成功したら寄付をしなさい」と働きかけました。その結果、金儲けをした経営者たちが争うようにせっせと寄付をしています。寄付をしないと自分の身が危ういからです。金持ちを叩《たた》

習近平が掲げる共同富裕
文化大革命2.0
習近平
共同富裕
豊かになった今
もう一度
毛沢東の
共産主義の理想を
実現しよう
平等に
豊かになろう
資産家や
目立つ芸能人などは
取り締まる
経済発展を果たし
かつてのように
「平等に貧困」に陥る
ことはない

くことによって、平等を実現しようとしているのです。

あるいは、芸能人やタレントも標的です。映画にたくさん出て金持ちになった女優を脱税で取り締まったり、人気グループのファンクラブの活動が停止させられたりしています。

なぜ人気グループや俳優のファンクラブを認めないのか。芸能人のファンにとってはその芸能人が「命」になります。あこがれのスターが絶対的な存在になる。共産党より芸能人を大事に思うなんて許せない。常に共産党がトップでなければならないのです。

■「学習塾規制令」に、タピオカドリンクで対抗？

極めつけは、学習塾の規制です。中国政府は2021年7月、小・中学生向けの学習塾に対する規制策を発表しました。受験競争が過熱する中国では学習塾の需要が高まり、たくさんの学習塾が乱立していました。

日本でも、子どもの教育費が高すぎると問題になっていますが、中国はそれ以上です。

自分の子どもを成功させたい親は、子どもを良い学校に入れたい。教育にかかる費用が重い負担となります。学習塾の費用を出すことができる家庭はいいけれど、出せない親は塾に通わせることができません。共産党としては、格差をなくすためにみんな公立の学校へ行って、平等に教育を受けなさいというのです。

具体的には学習塾に「小・中学生対象の塾の新設は認めず」「既存の塾は非営利の組織に転換」「土日や祝日の授業は禁止」するように求めました。

都市部では、学習塾が軒並み廃業することになってしまいました。改革・開放のもとで、私立の学校が生まれていたのですが、これを公立にするという動きも出ています。

しかし、中国には昔から有名な言葉があります。「**上に政策あれば、下に対策あり**」。政府が何か政策を出すと、庶民はそれに対抗する対策を打ち出すという意味です。

学習塾を規制した結果、富裕層はこっそり家庭教師を雇っています。学習塾には行けないけれど、いい学校に入らせるにはどうするか。北京大学や清華《せいか》大学に通う優秀な学生に、高いお金を払って家庭教師に来てもらうのです。しかし、いかにも学生風だと周りの目が厳しくて密告されるかもしれません。だから家庭教師には清掃員や配達員を装って来てもらうという念の入れようです。

そう思っていたら、そんなのは序の口でした。日本から中国に留学している学生から教えてもらったのですが、抜け道があるそうです。学生が、家にタピオカドリンクを売りにくるのだそうです。家庭教師をしてほしい親が、そのタピオカドリンクを5000円くらいで買う。あくまでタピオカドリンクの売買という形をとって、そのまま家に入って家庭教師をする。いくら政府が規制しても、金持ちはちゃっかり家庭教師を雇っているのです。つまり、**一部の富裕層だけが子どもの学力を上げることができる。**格差をなくそうとして学習塾を規制したら、**結果的に新たな格差が生まれています。**

習近平は格差を少しでも是正し、国民の不満を和らげることで長期政権を担おうとしているのでしょう。いってみれば**習近平は「経済よりイデオロギー重視」に転換した**のではないでしょうか。

■毛沢東の果たせなかった「台湾統一」

2022年は、アメリカのリチャード・ニクソン大統領が中国を訪問してちょうど50年になります。1972年2月21日、ニクソン大統領は北京を訪問し、毛沢東や周恩来《しゅうおんらい》首相と会談しました。ソ連包囲網をつくるためです。当時の中国はソ連と厳しく対立していたからです。

共通の敵であるソ連を封じ込めるために、中国と手を握ったわけです。その後、中国の民主化を期待し、経済発展のために、さまざまな支援を行ってきました。

ところが中国は民主化どころか、中国共産党一党支配のもとで経済を発展させ、軍備を拡張させました。そして、**アメリカ主導の国際秩序に挑戦するまでになった**のです。

いまや中国はロシアといっしょになって軍事演習をし、日本の周辺に戦闘機を飛ばすなど挑発しています。

そこで**アメリカは、今度は中国を封じ込めるために中国包囲網を一生懸命につくっています。**

2021年9月、アメリカとイギリス、オーストラリアの3カ国が安全保障の枠組み「AUKUS(オーカス)」を立ち上げました。日本、アメリカ、オーストラリア、インドでつくった「Ｑｕａｄ（クアッド）」もそうです。クアッドとは4という意味です。対中抑止で連携を強化しているのです。

アメリカのニクソン大統領と中国の毛沢東主席の握手から半世紀。アメリカは裏切られてしまいました。

オランダの経済学者が分析したところによると、中国は明の時代はＧＮＰ（国民総生産）が世界トップだったそうです。それが清の時代になって異民族支配の王朝となり、アヘン戦争に敗れ列強の支配を許しました。中国にとっては屈辱です。漢民族が最強だったのは「明」の時代。習近平はこれからの**中国を明の時代の現代版にしようという覇権主義を掲げています**。

鄧小平は「黒いネコでも白いネコでもネズミを捕るのが良いネコだ」と言いました。どんなやり方だって結果が出ればいいじゃないかという意味です。しかし習近平は「白いネコでなければいけない」のです。つまり経済よりも、共産党に従うかどうか。**経済よりイデオロギー**です。

毛沢東を高く評価する習近平ですが、**毛沢東にはできなかったことがあります。「台**

湾統一」です。毛沢東がやり残したことをやって、歴史に名を残す。それが習近平の野望なのではないでしょうか。習近平は毛沢東を超えたいのです。

■レーニンの『帝国主義』といまの中国

では、どうやって台湾を統一しようとしているのか。アメリカが台湾を守ることができなくなるだけの軍事力を中国が持つことによって、台湾に独立を諦《あきら》めさせようというのです。台湾の中で「もう一度、中国といっしょになってもいいんじゃないか」という**世論をつくることによって、戦わずして台湾を手に入れる。**孫子《そんし》の兵法ですね。

私が心配なのは金門島《きんもんとう》です。金門島は台湾島からはうんと離れていて、中国の目と鼻の先にあります。中国がその気になれば、あっという間に占領できてしまう。台湾本島ではないので、台湾は手も足も出ません。そうやって台湾の離島をひとつずつ自分のものにしていく可能性もあります。中国の好むいわゆる「サラミ戦術」ですね。サラミのようにスライスして少しずつ食べていくと、いつの間にかなくなっているというものです。

2021年、ウラジーミル・レーニンの『帝国主義』（岩波文庫）を久々に読み返しました。すると、いまの中国がどういう状況にあるか、この本を読めばわかるということに気がつきました。1916年に執筆された本です。それによると、帝国主義とは「過剰資本を輸出することによって覇権を維持すること」と書いてあります。

中国が猛烈に豊かになって過剰資本となり、つまりお金が余って仕方ないので、一帯一路で海外に進出している。**中国というのはレーニンが定義した帝国主義そのもの**です。

その一方で、中国は**急激に高齢化が進み、労働人口が減り始めています**。とりあえず覇権主義は続きますが、高齢化が進んで労働人口が減ると、それも維持できなくなるときがやってきます。それで焦っているのです。

おそらく10年は覇権主義が続くでしょうが、その先はどうなるかわかりません。

「帝国主義を打倒しなければいけない」とレーニンは言いましたが、まさに**いまの中国は帝国主義国のようです**。数年前、中国の北京大学で若手の研究家による「マルクス主義研究会」ができたら、中国共産党によってこれが弾圧されました。

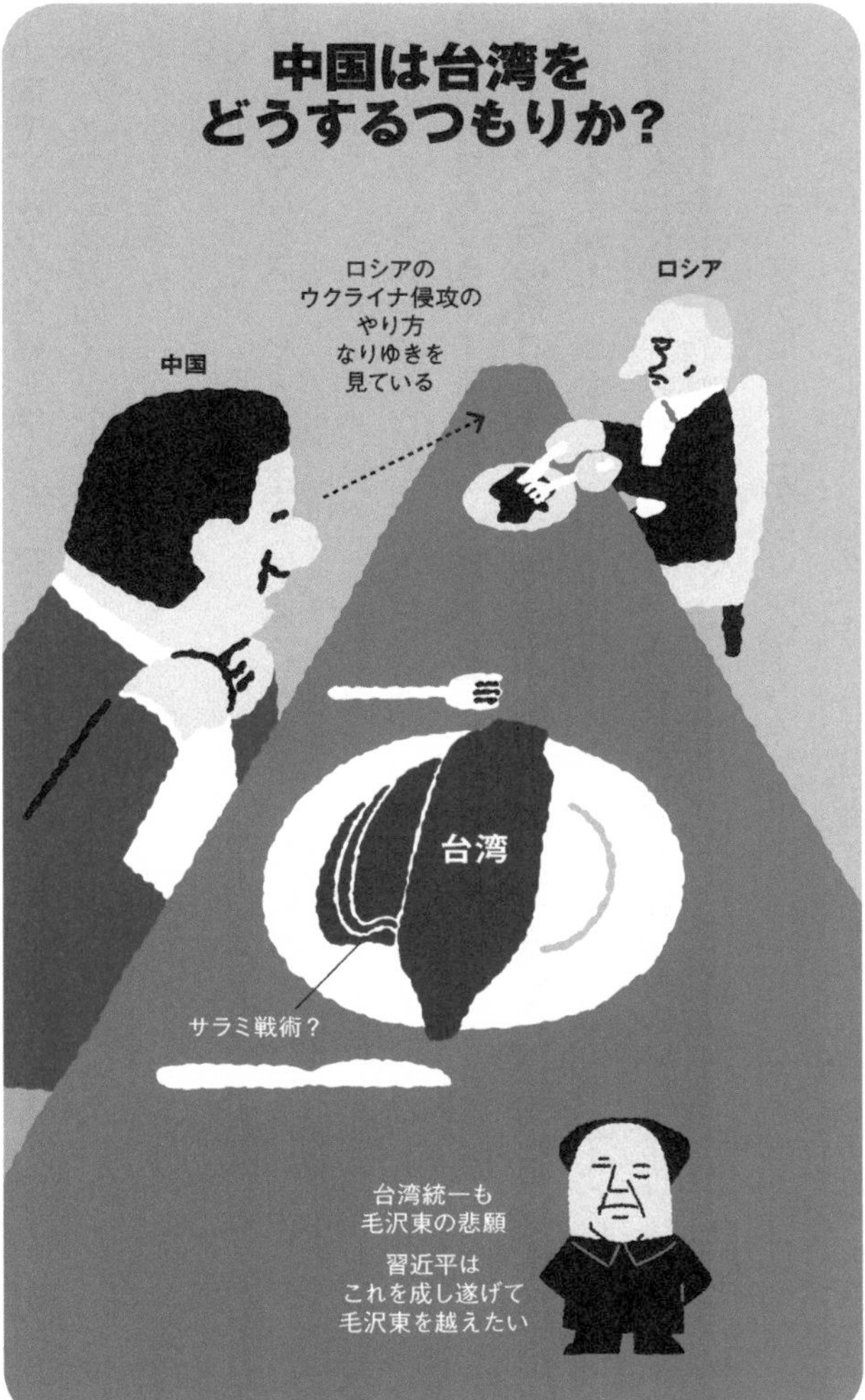
中国は台湾を
どうするつもりか？
ロシアの
ウクライナ侵攻の
やり方
なりゆきを
見ている
ロシア
中国
台湾
サラミ戦術？
台湾統一も
毛沢東の悲願
習近平は
これを成し遂げて
毛沢東を越えたい

中国でマルクス主義を学ぶと、弾圧されるという矛盾も起きているのです。中国当局はマルクス主義者の学生が労働者と団結し、政権に対抗することを恐れている。そういう見方もできるのではないでしょうか。

■中国はマルクス・レーニン主義なんかじゃない

習近平の「豊かになったから、次は平等」。これは理想です。でも、言論の自由はどうなるのでしょう。中国独自の「民主主義」のもと、もっと厳しくなるでしょう。

中国は、**少数の優れた指導者が民主集中制によって党を運営し、国を指導するという体制は変えません**。革命を指導する前衛党は常に正しい、絶対に間違えない。「だから民衆は我々に従っていればいいんだ」。これを前衛党の無謬《むびゅう》性といいます。

中国には報道の自由がありません。メディアというのは共産党の「喉《のど》と舌」といわれます。共産党の宣伝機関でしかないのです。

ソ連の時代もそうでした。ソ連のメディアに報道の自由など一切ありませんでした。

ソ連時代、共産党機関紙の「プラウダ」や政府機関紙「イズベスチヤ」があったのですが、「プラウダにプラウダなし、イズベスチヤにイズベスチヤなし」という言葉がありました。プラウダは「真実」、イズベスチヤは「ニュース」の意味です。

報道の自由がなければ、国民は国が抱える課題に気づけない。課題がわからなければ解決策も見つからない。**中国のいまの体制が変わらない限り、「共同富裕」の道は厳しいのではないでしょうか。**

■「戦後最悪」といわれた日韓関係はどうなる？

２０２２年３月９日、韓国で韓国大統領選挙の投開票が行われました。韓国大統領の任期は５年で、再選は禁止されています。

「戦後最悪」といわれた日韓関係はどうなるのか。

今回の大統領選挙も、反日的な言動が目立つ候補と、関係改善に動くかもしれないと思われていた候補の対決となりました。結果、後者の尹錫悦《ユンソンニョル》氏が当選しました。５年ぶりの保守政権の誕生です。尹氏は、両国の国益に合うように日本との協力を目指しています。でも、韓国では日本との関係を改善しようとすると、「親日派」のレッテルを貼られ、批判されがちです。

一方、敗れた李在明《イジェミョン》候補は、文在寅《ムンジェイン》前大統領と同じ「共に民主党」で、日本に対して厳しい態度をとっていました。彼は反日的な発言を繰り返し、京畿道《キョンギド》知事時代は「親日残滓《ざんし》の清算プロジェクト」を進めていました。日本の植民地時代に、日本に協力した人々が残したものを全部取り除こうというのです。たとえば教育現場においては、日本の「修学旅行」や「遠足」の名称がそのまま残っていたので、修学旅行は「文化探訪」に、遠足は「現場体験学習」にそれぞれ変更したほどです。

今回、カギを握っていたのが無党派層の20代、30代の若者の支持でした。日本の若者の投票率は低いのですが、就職難の韓国の若者は行くのですね。**韓国ではいま、若者の雇用問題が最優先**なのです。

選挙戦では、驚くような公約も出てきました。「薄毛治療に保険適用」です。韓国では5人に1人が薄毛に悩んでいるらしく、その多くが高額な自毛植毛の治療を受けているそうです。だからその治療費を、健康保険の適用対象にしようというわけです。

これは今回、負けた与党「共に民主党」の李在明候補の公約だったのですが、韓国ではけっこう薄毛を心配する若い人たちからもウケたようです。しかし、ただでさえ医療費が増えているのに、薄毛治療まで保険適用にすると財政を圧迫します。新型コロナ対応で大変なのに、ただの人気取りではないか。それなら「二重瞼《ふたえまぶた》にする美容手術も保険適用にするのか」という批判も出るほどで、まさに不毛の争いでした。

■「日韓共同宣言」の精神を取り戻そう

韓国の政治には「保守系」と「進歩（革新）系」という2つの大きな考え方があります。文字通りに言えば、保守系は「昔からの伝統や考え方を守っていこう」という考え方、進歩系は「昔からの伝統や考え方などを新しく変えていこう」という考え方ですが、何に対して、保守とか進歩とか言っているのでしょう。

これは**「北朝鮮」に対する考え方・態度の違い**です。「南北統一」という点では共通しているのですが、保守系の人は、頻繁にミサイル実験などをする北朝鮮に対しては厳しい態度です。進歩系は、北朝鮮に対して支援をし、統一を目指したいと思っています。ということは、今回は保守派の尹大統領になったので北朝鮮に対しては厳しい態度をとるでしょう。

尹大統領は、北朝鮮に対して、「完全な非核化措置が進むまでは、原則、経済制裁の解除はしない」としています。また「もし北朝鮮が韓国を攻撃するような姿勢を見せたら、韓国が先に北朝鮮を攻撃する能力を得ることが戦争の抑止だ」とも発言するなど強硬です。**もっと韓国の軍事力をアップして、力で北朝鮮を抑え込もうという方針**です。

一方、日韓関係に関しては、「日韓パートナーシップ（日韓共同宣言）の精神を取り戻そう」という考えです。1998年10月8日、日本の内閣総理大臣だった小渕恵三《おぶちけいぞう》と、韓国の大統領だった金大中《キムデジュン》が、21世紀に向けた新たな関係を築こうと、文書を取り交わしました。それ以降、**お互いが毎年のようにそれぞれの国を訪問し、未来志向的な関係の構築に努めていました。その精神を取り戻そうというのです。**よって、日韓関係は改善されるかもしれません。

実に皮肉なことですが、韓国で反日的な人々が増えたのは、韓国が民主化されたからという側面があります。仮に韓国が軍事独裁政権のままで、政権が「日本との関係をよくするんだ」と言えば、誰も逆らうことはできなかったでしょう。だからといって軍事政権がよいわけではありませんが。

民主化されると、国民の世論に左右されます。国民が「おかしい」と声を上げたら、それに耳を傾けざるを得なくなります。結局は**草の根レベルで関係を改善していき、国と国との関係に反映させるしかありません。そんな日韓関係を築いていけたら**いいですね。

第5章 国際ルールを守らない国、平和を脅かす国

■思い出される「ハンガリー動乱」

ロシア軍がウクライナ国境に展開すると、ウクライナの市民は火炎瓶づくりを始めました。私はハンガリー動乱を思い出しました。あれに学んだのでしょう。

ハンガリー動乱とは、1953年にソ連の独裁者ヨシフ・スターリンが死んだ後、1956年に民主化を求めたハンガリーの民衆が蜂起《ほうき》し、それをソ連軍が鎮圧した事件です。

首都ブダペストを中心に蜂起した市民は、ソ連の戦車に対して火炎瓶で応戦しました。火炎瓶でいくつかの戦車を破壊したのです。火炎瓶は対戦車兵器になる。当時はそれなりに効果があったのですね。

ロシアのウクライナ侵攻に対し、アメリカは軍事的には対処していませんが、大量の兵器をウクライナに送っています。アメリカは、ウクライナを第2のアフガニスタンにしたいと思っているようにもみえます。

1980年代、ソ連がアフガニスタンに侵攻した際、アメリカはアフガニスタンのイスラム戦士「ムジャヒディン」を援助し、大量の兵器を供与しました。今回はそれがウクライナ対象になっています。

長期戦になったことで、多くのロシア兵が死んでいます。まさに泥沼です。ロシアのウラジーミル・プーチン大統領にとっては大いなる誤算です。

■国連は機能不全に陥っている?

「国連は何をしているんですか?」という質問を多くの人から受けます。

2022年2月24日、ロシアのウクライナ侵攻を受け、国連(国際連合)の安全保障理事会は2月25日に急遽《きゅうきょ》、会合を開きました。しかし、制裁はおろか、非難決議すら採択できませんでした。

国連は「平和の番人ではないのか」と訊《たず》ねられても、**「国連の安全保障理事会には5つの常任理事国(アメリカ、イギリス、フランス、ロシア、中国)があって、拒否権を持**

っていることを学校で習ったでしょう」としか言えません。空《むな》しさを感じました。

今回、ロシアは当事国です。少なくとも紛争当事国は拒否権を使えなくすればいいと思うのですが、ルールを改めようとすると「脱退する」と言い出しそうですね。そもそもは、**第2次世界大戦の戦勝国が常任理事国となりました**。

ただ、設立当初は、中華民国（台湾）とソ連が常任理事国でした。ソ連が崩壊してロシア連邦が継承国になることや、中華人民共和国が常任理事国になることは、国連総会で決議しているのです。

常任理事国が拒否権を乱発できないようにするには、国連憲章を変えなければなりません。**憲章の改定には総会の3分の2と、すべての常任理事国の賛成が必要です。これでは不可能と言わざるを得ません**。実際のところ、中国、ロシア以外の常任理事国だって、〝特権〟を手放したくはないでしょう。

国連の安全保障理事会は、完全に機能不全に陥っています。どうせ国際社会は何もできないだろうとあざ笑っている人物の顔が浮かびます。

国連は機能不全なのか？

安全保障理事会の常任理事国には
“拒否権”
がある
一国でも
反対すると
否決
イギリス
アメリカ
中国
フランス
ロシア
常任理事国は
第2次
世界大戦の
戦勝国
拒否権のルールを変えるにも
拒否権を使われれば否決されるので
実際には不可能に近い

■ソ連（兄）は崩壊、中国（弟）は成長

今回、ロシアが中国に軍事援助を要請したと報道されました。**ロシアと中国の接近は、日本の安全保障にとっても大きな意味を持ちます。**

2国の共通点は、同じ「社会主義国家」としてスタートしたことです。当初は、兄と弟のような関係でした。どういうことなのか。

2021年は中国共産党創立100周年でした。100年前、ソ連の支援によって「コミンテルン中国支部」として中国共産党が産声をあげたのです。

1917年に、ロシア革命が成功します。ロシア革命を成功させたのは、ウラジーミル・レーニン率いるロシア社会民主労働党という政党でした。革命が成功した後、これが「ソ連共産党」に名前を変えます。

周りの資本主義諸国は、こんなところに社会主義の国ができたら大変だ、これが世界に影響を与えて世界中が社会主義の国になったら大変だと危機意識を持ち、**ロシア革命**

を潰《つぶ》そうとしました。日本もそれに参加しました。「シベリア出兵」がまさにそうです。

ロシアで革命を成功させた軍隊が「赤軍」でした。反対に、反革命の軍事勢力を「白軍」といいました。紅白歌合戦のようですが、「赤軍」と「白軍」の内戦状態になったのです。周りのヨーロッパの国々は白軍を応援して赤軍を潰そうとします。しかし失敗して、それぞれ撤退することになるのです。

最後まで残ったのが日本軍でした。日本といっしょに戦っていた白軍の兵士たちが、「もうロシアにはいられない」というので、日本に亡命してきます。その人たちの中にはロシアと気候風土の似ている北海道に移り住むようになった人もいます。彼らを「白系ロシア人」と呼びます。別に肌の色が白いからというわけではありません。彼らの中には日本の国籍を取る人もいました。

白系ロシア人として有名なのがヴィクトル・スタルヒンです。日本のプロ野球で活躍し、北海道の旭川《あさひかわ》には「スタルヒン球場」という球場もあります。洋菓子店のモロゾフは白系ロシア人が設立に関わりました。そう考えると、ロシア革命と日本はけっこう関わりがあることがわかります。

■中国共産党だけが党員を増やし続けた

革命を成功させたロシアは、周りを敵意を持った国に囲まれます。「本当の意味でのロシア革命を成功させるためには、世界中を共産主義にしなければならない」と考え、二段構えのやり方を実行に移します。

まず、ソ連は、周りの国々と平和的につき合っていく。戦争はしない。その一方でコミンテルン（共産主義インターナショナル）という組織をつくり、**コミンテルンが世界に支部を置いて、ソ連の言うことを聞く共産党をつくっていきます**。ソ連はそれを支援し、**それぞれの国の共産党がそれぞれの国で革命を起こせばいい**。この二段構えです。

これに基づき、コミンテルンのメンバーがひそかに中国に送られ、中国で共産主義思想を持っている人たちを集め、中国共産党をつくったというわけです。

ちなみにその翌年＝1922年、コミンテルン日本支部がつくられます。これが日本共産党です。ですから2022年は、日本共産党創立100周年なのですね。

しかし肝心のソ連は崩壊してしまいました。かつてのソ連共産党の生き残りはロシア共産党をつくったのですが、国の中でもそんなに大きな影響力があるわけではありません。

その中で、中国共産党だけが党員を増やし続け、現在９５００万人に達しています。中国の人口は14億人。そのうち９５００万人が共産党員です。ドイツの人口が８２００万人くらいですから、ドイツの人口よりも多い巨大組織に発展したということです。

■人権を重視しない２国が接近

当初蜜月《みつげつ》だった中ソ関係は次第に険悪になっていきます。

１９７２年２月21日、当時のアメリカのリチャード・ニクソン大統領が中国を訪問しました。当時、中国は中ソ国境紛争を抱えていたので、中国もアメリカとの国交正常化に傾いたのです。**「ソ連対抗」という共通の目的が、米中を結びつけました。**

ところが、あれから50年、ここへきてロシアと中国は再び接近し、軍事協力も緊密化しています。**米中関係は協調から対立へと進んでいますから、新たな冷戦（新冷戦）と呼ぶ人もいます。**

中ロ、2国の共通点は、言論の自由や報道の自由がなく、人権無視の国だということです。トップは共に任期制限を事実上撤廃し、暴君化しています。

中国は、世界一の国民監視社会です。共産党の指導のもと、国民監視システムで14億人の個人の情報を管理しています。ジョージ・オーウェルの『1984年』はソ連の社会主義を風刺した近未来小説だったのですが、まるで、いまの中国を描いた作品のようです。

でも実は、中国の「憲法」では言論の自由が認められているのです。

中国の憲法の第40条のまず冒頭に、こう書いてあります。

「中華人民共和国公民の通信の自由および通信の秘密は、法律の保護を受ける」

通信の自由や通信の秘密というのは守られる、ときちんと書いてあるのですね。しかし、その後を読むと……。

「国家の安全又は刑事犯罪捜査の必要上、公安機関又は検察機関が法律の定める手続きに従って通信の検査を行う場合は除き、いかなる組織又は個人であれ、その理由を問わず、公民の通信の自由及び通信の秘密を侵すことはできない」

つまり、電話だったりメールだったりを勝手に盗聴するようなことはできないけれど、法律に基づけば、国家の治安機関は国民のメールを自由に読むことができる、あるいは電話を盗聴することもできる、ということです。

中国国内には、日本の報道機関も含め、世界各国のさまざまな報道機関が存在していますが、新聞社やテレビ局の支局の電話は、すべて中国の公安当局によって盗聴されています。みんな盗聴されていることがわかっていますから、それを前提にして日本の本社と連絡を取っているということです。

中国国内で取材活動をしている記者たちは、支局や自分の携帯電話からは情報源に対し、電話をしません。公衆電話から連絡を取り合っています。

ただし、いま中国はＡＩ（人工知能）技術を使って音声認識ソフトや顔認識ソフトを発展させています。**外国のメディアはますます取材がやりにくくなる**でしょう。

憲法では、通信の自由だけではなく、言論の自由も、出版の自由も、集会の自由もすべて認められているのです。しかし、〝国家に対する反逆、国家の安全に危害を及ぼす行為〟と判断されれば、こうした権利はすべて消えてなくなってしまうということです。それが中国の憲法です。

■共産党を褒め称えて「1件0・5元」

中国はサイバー空間においても、当局に都合の悪いことを言っている者はいないかをチェックしています。この人たちを「サイバーポリス」といいます。10年くらい前には3万人ともいわれていましたが、現在、十数万人に達しているといわれています。**十数万のサイバーポリスが、24時間体制でひたすらネット空間をパトロールしながら、共産**

党の批判や、都合の悪い書き込みを即座に削除しているのです。

投稿を削除するだけでなく、それを投稿した人たちが次々に逮捕される状態も続いています。

とりわけ当局が恐れているのは弁護士たちです。中国の弁護士の中に「憲法を守れ」という運動をする人たちが出てきているのです。共産党を批判したことで逮捕されたり投獄されたり、裁判にかけられている人たちを弁護して「中国の憲法には、言論、出版、集会、結社の自由が認められているじゃないか。権利を守れ」と声を上げています。すると、声を上げた弁護士も逮捕されます。これが日常化されているといいます。なぜ捕まるのか。**「国家政権転覆扇動罪」という罪が適用される**ということです。

言論の自由も、憲法に書かれているだけで、実際には守られていないことがわかります。さらに中国では、都合の悪いものを削除するだけでなく、「積極的に共産党を褒め称《たた》える書き込みをしなさい」という運動が行われているのです。通称「五毛党」（中国共産党によって雇用されたインターネット世論操作団）といいます。

五毛＝0・5元なのですね。1件の書き込みにつき0・5元の報酬が与えられるといいます。これはいい小遣い稼ぎになります。そういう人たちが1000万人以上いるといわれています。

しかし自分が書き込んでいれば、いくらいい書き込みを見ても、「こいつも金をもらって書いているんだろう」と思いますよね。結局、誰も共産党の宣伝を信用しないと思うのですが。

中国では、インターネット空間の言論統制も進んでいるということです。

■ウクライナ大統領も毒を盛られた？

中国ほどではないにしろ、ロシアでも言論統制は行われています。一方、ロシア周辺では、元スパイが毒殺されたり、政敵が毒を盛られたり、スパイ映画かと思うような事件がたびたび起こっています。

ウクライナの元大統領ヴィクトル・ユーシェンコも毒殺されかけたとみられます。

2004年、親ロシア派の対立候補ヴィクトル・ヤヌコーヴィチと大統領選挙を戦っている際、何者かに毒を盛られたのか重体となり、体内からは大量のダイオキシンが検出されました。

選挙の結果はヤヌコーヴィチが勝利したのですが、投票に不正があったとしてユーシェンコ陣営が猛抗議、同陣営のシンボルカラーから「オレンジ革命」が起こりました。実施された再選挙では、ユーシェンコが当選しています。

一命は取りとめたものの、写真で見た大統領の顔は、以前と同一人物とは思えないほどむくみ、別人のようで驚きました。

ロシア政府が快く思わない人物に、毒を盛るのはソ連時代からの〝伝統〟です。

２００６年には、ロシアの元情報将校アレクサンドル・リトビネンコが、亡命先のイギリスで毒殺される事件がありました。ロンドンのホテルでお茶を飲んだ後に体調が急変。リトビネンコが飲んだ飲み物には、原子炉からしか得られない放射性物質ポロニウム２１０が大量に入れられていたというのです。

リトビネンコはロシアのスパイ組織ＦＳＢ（連邦保安局）に属していましたが、組織の謀略を暴いたことからロシアにいられなくなり、イギリスに亡命していました。

ロシア政府は関与を否定しましたが、バックに国家の存在があることは明らかで、イギリスの公開調査委員会は殺害計画をプーチン大統領自身が「おそらく承認していた」という報告書を公開しています。

また、2018年にはロシアの元スパイ、セルゲイ・スクリパリと娘のユリアが同じくイギリスで殺されかけるという事件もありました。ソールズベリーのショッピングセンターのベンチで意識不明となっているところを発見されました。使われたのはソ連時代にソ連軍によって開発された神経剤ノビチョクでした。

このノビチョクは、プーチン大統領を激しく批判してきたロシアの反体制活動家アレクセイ・ナワリヌイに対しても使われています。ナワリヌイの毒殺未遂事件が起こったのはつい最近の2020年のことなので、覚えている人も多いかもしれません。

ロシア国内ではメディアに対する厳しい言論統制が続いています。

そんな中、2021年のノーベル平和賞は、**「表現の自由」のために戦うロシアとフィリピンの2人の記者が受賞**しました。

ロシア人の受賞者は、独立系新聞編集長ドミトリー・ムラトフです。彼は政治のタブーに切り込み、プーチン大統領と激しく対立してきました。ノーベル賞委員会は授賞理由を「民主主義と報道の自由が逆境に直面している」と説明しています。

中国では、今回の平和賞の記事が一部メディアから削除されました。まるで自国のことを批判されたように受け止めたのですね。

■コロナ禍でさらに拡大した「格差」

貧困、格差も世界が直面している問題です。

貧富の格差についてはずっと繰り返し議論されてきた問題ですが、このところ新型コロナウイルス感染拡大の影響で、**世界の富裕層と貧困層の格差の拡大が著しくなってきているの**ですね。

プロローグでオックスファムの報告書について少し触れましたが、フランスの経済学者トマ・ピケティらが運営する「世界不平等研究所」（本部・パリ）も、格差に関する報告書を出しています。2021年末、日本経済新聞がこのことについて記事にしていました。

この記事によると、「世界の上位1％の超富裕層の資産は2021年、世界全体の個人資産の37・8％を占め、下位50％の資産は全体の2％にとどまった」（2021年12月28日付日経新聞朝刊）そうです。

やはりその背景には、「景気刺激のための財政出動や金融緩和によるマネーが株式市場などに流れ込み、多くの資産を保有する富裕層に恩恵をもたらした」（2021年12月28日付日経新聞朝刊）ことがあります。

地域別にみると、最も格差が大きいのは中東・北アフリカ地域ですが、日本の富の分布について「ヨーロッパほどではないが非常に不平等」と指摘しています。

コロナ禍で経済活動が制限され、その結果、多くの失業者が生まれました。**しかし一握りの富裕層は、こうした環境のもとでも大きく資産を増やした**のです。

30年前、ソ連が崩壊し、東西冷戦が終わりました。**対立軸がなくなったことで、資本主義の課題が放置されている現実があるのです。**

超富裕層は持ち株の価格が上がり、働かなくともより豊かになる一方で、日本ではこ

格差が拡がり続ける
資本主義の問題点
景気刺激のための財政出動
金融緩和によるマネー
富裕層
富裕層に優先的にお金が集まりより裕福に
貧困層
貧困層は賃金も上がらずより貧困に
資本主義の構造的な問題

の30年間賃金が上がらず、働いても生活することで精いっぱいという労働者が増えているという構図が浮かんできます。

資本主義は制度疲労を起こしているのでしょう。ソ連崩壊とともに関心が薄れていた「マルクス経済学」を、再評価する動きもあります。

■再び「マルクス」

2021新書大賞1位を受賞し、ベストセラーとなった斎藤幸平《さいとうこうへい》さんの『人新世《ひとしんせい》の「資本論」』（集英社新書）は、まさにカール・マルクスを再評価する本です。冒頭の「SDGsは『大衆のアヘン』である！」というのは、マルクスの「宗教は大衆のアヘンである」のオマージュですね。

斎藤さんによると、最晩年のマルクスは環境問題に深い関心を持っていたというのです。**「いまだからこそマルクス」というわけです。**

いまヨーロッパでまた国際的なマルクス研究が始まっています。というのも、ソ連が存在していたころは、マルクスの著作はソ連に都合のいいものだけが公表されていたからです。ソ連時代には出版されていない原稿や、明らかにされていなかった未刊行のノートなどがいろいろと出てきて、再び自由な研究が進んでいるのです。

斎藤さんは著書の中で、「無限の利益獲得を目指す資本主義が地球環境も社会も、すべてを破壊する」と述べています。

それなのに先進国はまだ「コロナ禍で落ち込んだ経済をどう立て直すか」といった議論に明け暮れている。斎藤さんは、ＳＤＧｓなんて、そんなもの焼け石に水だよ、と。「もっとリサイクルをやろう」とか、「レジ袋を有料にしましょう」とか、そんな手ぬるい対策では間に合わない。怒りにも似た危機感が、「ＳＤＧｓは『大衆のアヘン』である！」という冒頭の挑発的な言葉につながったのだと思います。

■「ポスト資本主義」を考える

「人新世」とは、耳慣れない言葉でしたが、これはノーベル化学賞を受賞したパウル・クルッツェンらが提唱した地質学的にみた現代を含む区分のことだそうです。人類の経済活動の痕跡《こんせき》が、地球の表面を覆い尽くした年代です。

斎藤さんの「生活に必要なものを公共財にして、できるだけ無償・安価にすれば社会が豊かになる」、という**「コモン」の発想**は、ご自身のベルリンでの体験からだそうです。私は彼と対談したとき、「斎藤さんが言っているのはコミュニズム（共産主義）ではなくコミュニティズム（共同体主義）ですね」と言いました。

バルセロナやパリ、アムステルダムでは市民参加型で水道や鉄道、電力を再公営化し、住民のための街づくりが始まっているのだそうです。そういえばヨーロッパでは〝飛び恥〟、飛ぶのは恥だという言葉まで生まれました。若者を中心に鉄道で旅をしようという動きが広がっているのです。**「生き方」とか「働き方」を考え直そうとしている**のです。

地球温暖化を止めるのに個人ができる手っ取り早いことといえば、CO_2を大量に出す乗り物に乗らないことでしょう。最悪なのは飛行機です。KLMオランダ航空は、「近距離は列車を利用しましょう」と鉄道の利用を勧めています。飛行機会社がこれを言えるのが、すごいですね。

格差や貧困の問題は専門家だけが分析、議論するテーマではありません。いま一度、マルクスの本を手に取り、学び直してみるのもいいかもしれません。

■大切なのは「教養の基礎体力」

毎日のようにテレビで新型コロナウイルスの話題を取り上げていたのに、ロシアによるウクライナ侵攻で、話題がすっかりそちらへシフトしてしまいました。

いまでこそコロナウイルスがどんなものかわかってきましたが、最初の段階では何もわからないので不安でした。不安だからこそコロナに関するデマが飛び交いました。ワクチンができると、**ワクチンをめぐる陰謀論も拡散しました。**

たとえば「ワクチンの中にマイクロチップが入っていて、世界の人々をコントロールしようとしている」という陰謀論。こういう話がまことしやかに出てくるのですね。でもどうやってマイクロチップをワクチンに入れることができるのか。そんな目に見えないようなマイクロチップが開発されれば、その時点で大きなニュースになるはずです。そう考えるとおかしな話です。そこで「そんなチップ自体、開発されていないぞ」と、常識的な判断ができるかどうか。

非常に巧妙なデマもあります。**こういうデマにひっかからないようにするにはどうしたらよいのかというと、それは「教養の基礎体力」だと思う**のです。

今回、mRNA（メッセンジャーRNA）を使って極めて早くワクチンをつくることができました。新しい技術のワクチンとなると、不安になる人も多いのはわかります。このmRNAワクチンについても、「ワクチンを打つと遺伝子が組み換わる」といったようなデマが広まりました。

でも高校の生物の教科書を見ると、そもそも最初のところに「DNA」と「RNA」についての解説もありますし、**mRNAは「伝令RNA」として、あくまで遺伝情報を伝えるメッセンジャーである**ということが書いてあります。

高校生のときにきちんと学んでいれば、理解できたはずなのです。

■デマの出所はロシアと中国？

ワクチンに関する警戒心を招いたのは、１９９８年にイギリスの医師が発表した捏造《ねつぞう》論文がきっかけだったといわれています。

「三種混合ワクチン」という名前を聞いたことがあると思います。麻疹《ましん》（Ｍ）、おたふく風邪（Ｍ）、風疹（Ｒ）の３種の病気を予防するワクチンです。頭文字からＭＭＲワクチンと呼ばれます。

これが「自閉症の原因である可能性がある」と指摘した論文を、イギリスの医師が定評のある学術雑誌『ランセット』に掲載したのです。

医師は、三種混合ワクチンをやめて麻疹単独のワクチンに変更すれば安心と主張しました。実は、この医師が前年、新しく麻疹単独ワクチンの特許を申請していたのです。ＭＭＲワクチンを麻疹単独のワクチンに切り替えれば、自分が莫大《ばくだい》な利益を得られるというわけです。自分のためにこんな論文を発表したということですね。

この論文が発表されて以来、世界中でワクチン接種が激減しました。麻疹患者が増え続けています。この論文が信じられてしまったのは、三種混合ワクチンの接種時期がちょうど生後12カ月から15カ月で、自閉症の症状が明らかになってくる時期と一致していたからです。

ワクチンと自閉症、因果関係があると誤解されてしまったのです。

今回、新型コロナウイルスワクチンに関しては「不妊症になる」というデマも拡散されました。

こうしたデマの出所として、ロシアと中国が名指しされています。またこの2国かと思ってしまいます。

2021年4月、欧州連合（EU）は、ロシアと中国の国営メディアが、西側諸国のワクチンに対する不信感を強めるために偽情報を流したという報告書を発表しています。自国製のコロナワクチンがあまりに不人気なものだから、アメリカやドイツが製造したワクチンの信頼性を損ない、自国製のワクチンの安全性をアピールする意図があったというのです。

ワクチンを受ける、受けないはもちろん個人の自由ですが、中にはフェイク情報を真に受けている人も多いようです。

「ワクチンは怖いもの」と信じている人は、ロシアや中国の情報操作にまんまとひっかかっているのかもしれません。

第6章　歴史の韻を踏む、いまの日本は？

■「30年間給料が上がらない」は悪なのか

「日本はどんどん貧乏な国になっている」。外国人が日本に来て、物価の安さに驚くといいます。物価だけではありません、給料も安いのです。

経済協力開発機構(OECD)が公表した世界の平均賃金データによると、2020年の平均賃金トップはアメリカ、2位がアイスランド、3位ルクセンブルクと続いて、日本の平均年収は35カ国中、22位でした(1ドル=115円で計算)。これは主要7カ国中、下から2番目。ちなみにお隣の韓国は19位でした。

1人あたり名目GDP(国内総生産)においても、日本は2018年に韓国に抜かれています(IMF=国際通貨基金が公表している1人あたりのGDP。2017年の物価水準でみた購買力平価=PPPによるもの)。

日本はいま世界第3位の経済大国のはずなのに、先進国の中で賃金や生産性が最低レベル。平均年収も1991年を100とした場合、見事に横ばいです。**バブル崩壊以降、**

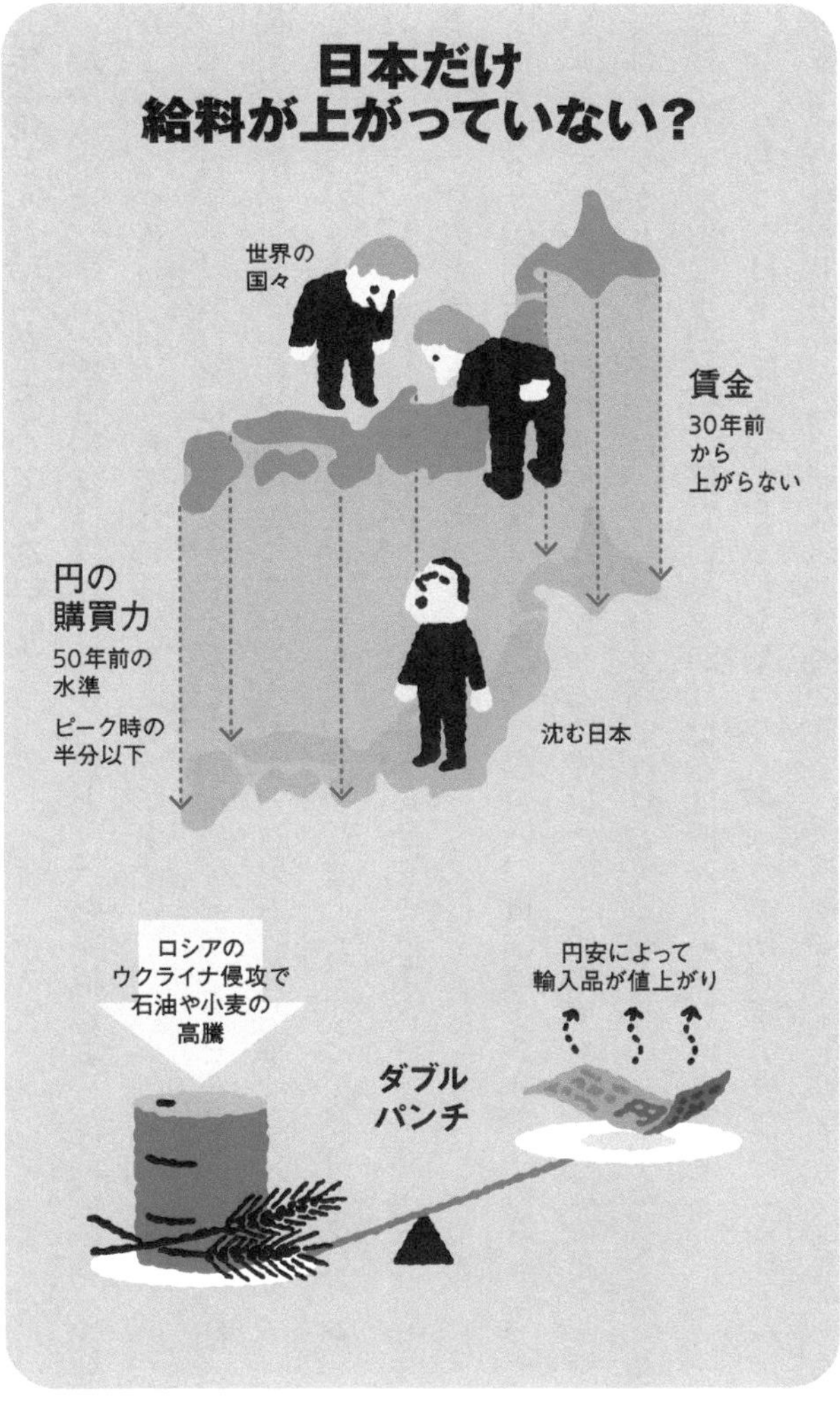
日本だけ
給料が上がっていない？
世界の
国々
賃金
30年前
から
上がらない
円の
購買力
50年前の
水準
ピーク時の
半分以下
沈む日本
ロシアの
ウクライナ侵攻で
石油や小麦の
高騰
円安によって
輸入品が値上がり
ダブル
パンチ
円

30年間ほとんど給料が上がっていないのです。

だからいま、岸田《きしだ》文雄《ふみお》首相は経済界に「3％賃上げ」を要請しました。しかし、賃金が上がらないのは、日本ならではの理由もあるのです。

たとえばアメリカなどは、景気が悪くなると簡単に従業員のクビを切ります。会社が従業員を解雇しやすい仕組みになっているのです。結果的に失業率は高くなります。

韓国は2018年に最低賃金を16・4％も引き上げました。よって給与水準は上がったのですが、逆に雇用する側からするとコストがかかるので雇う人数を減らそうと考えます。だから失業率は上がったのです。

世界189の国や地域で「失業率」を比べてみると、日本は169番目に低くなっています。ですから、単純に平均給与を比べるのではなく、失業率も加味しないとフェアではない気がします。韓国は、平均給与は高いけれど失業率も高い。日本は賃金の引き上げよりも雇用を重視した。難しいですが、日本は情に厚いともいえます。

もうひとつ、日本は休廃業もとても少ないのです。つまり倒産が少ないからライバルが多く、給料も上がらない。ガムシャラにならない代わりに活性化もせず、起業をする人も少ない。そういう分析もできるのではないでしょうか。

しかし、**やはり円の実力が下がっているのは問題**です。円の実質実効為替《かわせ》レート（通貨の総合的な実力）は約50年前の水準まで低下してしまいました。ピーク時の半分以下ということです。このレートは「円の購買力」を示します。

一般論として、円安は輸出産業に有利ですが、輸入産業には不利です。購買力が低ければ、海外からものを買うときに一段と高くなるからです。

ロシアのウクライナ侵攻で、石油や小麦の値段が上がっているのに、**円安によってさらに輸入品が高くなる。まさにダブルパンチ**です。

物価が上がっても給料も上がれば問題はありませんが、**給料が上がらないまま物価だけ上がるのは困ります**。これから給料を上げることができるのか。岸田内閣の腕の見せ所ですし、労働組合の力量にかかっているのです。

■田中角栄は「社会民主主義」だった

世界的に貧富の格差が広がっています。平均賃金トップのアメリカでも、社会主義に傾倒する若者が増えています。若い世代はソ連の悪夢を知りませんし、「社会主義」という言葉に対するとらえ方が、以前とはずいぶん変わってきているのでしょう。

2018年の選挙では、現在の新自由主義のアメリカ社会を批判するバーニー・サンダースが上院で3選を果たしましたし、下院ではニューヨーク州のアレクサンドリア・オカシオ・コルテス、ミシガン州のパレスチナ系の女性議員ラシダ・タリーブら、それぞれ民主社会主義を標榜《ひょうぼう》する人物が当選しています。

ヨーロッパでも同じです。「自国第一主義」と「移民反対」を掲げる過激な右派政党が躍進する一方で、ドイツでは社会民主党と緑の党が伸びています。世界を見渡すと、日本以外は社会民主主義勢力（左派）が伸びているのです。

しかし考えてみると、日本の自民党でも岸田首相が率いる宏池会《こうちかい》の体質は、国際スタンダードでいうと「社会民主主義」に分類されると言ってもいいでしょう。とくに、自民党の田中角栄《たなかかくえい》がやったことなどは、**社会民主主義そのもの**でした。「福祉元年」をスローガンに掲げ、社会保障を充実させました。「大盤振る舞い」と言えないこともありませんが、新自由主義の考え方では、年金重視の発想は出てきません。年金も医療も自己責任。だから公的な社会保障制度が不十分なアメリカはいま、貧困率が長期的に高い水準にあり、ひどいことになっています。

■自民党の保守本流「宏池会」とは

日本では、久々に宏池会出身の首相が誕生しました。２０００年代はずっと清和会《せいわかい》系の首相が続いていたので、本当に久しぶりです。

自民党がなぜ長期政権なのかというと、いろいろな派閥があり、**自民党内での疑似的な政権交代が起きてきたから**です。いわば自民党内に「二大政党」があるのです。

ここで自民党の「派閥」の流れを振り返ってみましょう。

自民党にはいろいろな派閥がありますが、戦後、大きく2つの流れがあると考えていいと思います。

吉田茂《よしだしげる》がトップだった「自由党」の流れと、鳩山一郎《はとやまいちろう》がトップだった「日本民主党」の流れです。2つの党は、お互い「どんな資本主義を目指そうか」というところで考え方が違ったので、対立していました。

ところが、それまで「右派」と「左派」に分かれていた日本社会党がいっしょになったため、このままでは社会党が勢力を伸ばして日本が社会主義の国になってしまう恐れがあると心配した財界が、「保守もいっしょになれ」と圧力をかけ合同が実現しました。新しい政党名が「自由民主党」でした。

もともと自由党と日本民主党は、それぞれどんな考え方だったのか。

まず自由党の吉田茂は、簡単にいえば、「日本は日米安保条約を結んでアメリカに守ってもらうことで軍事費の支出を少なくし、経済を発展させよう」。あるいは「社会保障を充実させていこう」という考え方です。吉田派はいろいろと枝分かれしていくのですが、主な歴代総理大臣の名前を挙げると、池田勇人《いけだはやと》→佐藤栄作《さとうえいさく》→田中角栄→大平正芳《おおひらまさよし》

→宮沢喜一《みやざわきいち》の源流です。

一方、日本民主党の鳩山一郎は、「憲法を改正し、再軍備をして、強い軍隊も持つべき。社会保障は自助で」という考え方です。こちらから総理大臣になった主な顔ぶれを見ると、岸信介《きしのぶすけ》→福田赳夫《ふくだたけお》→小泉純一郎《こいずみじゅんいちろう》→安倍晋三《あべしんぞう》と続きます。

ちなみに2021年に行われた自民党総裁選挙には、4人が出馬しました。岸田文雄、河野太郎《こうのたろう》、高市早苗《たかいちさなえ》、野田聖子《のだせいこ》です。こうしてみると、岸田氏と河野氏とは対立しているように見えますが、もとは両氏とも自由党の吉田茂の流れを受け継いでいる政治家ですし（河野氏は、吉田茂の孫である麻生太郎《あそうたろう》氏の麻生派に所属）、高市氏は、岸信介の孫である安倍さんのバックアップを受けていることから、日本民主党の流れをくんでいます。野田氏はどちらにも属していませんが、強いて言えば、小泉純一郎氏が総理大臣のとき、郵政民営化に反対して一度自民党から追い出されていますから、小泉氏や安倍氏（清和会）とは反対の立場だと考えられます。

「歴史は繰り返さないが韻を踏む」

安倍元首相や、そのまま安倍路線を継承した菅義偉《すがよしひで》前首相は、強権的な政治を行うと批判されましたが、岸田首相は「強権的なことはしません。みんなの声を聞きます」と言っています。明らかに清和会批判です。

岸田首相を見ていると、アメリカの作家、マーク・トウェインが言ったとされる有名な言葉を思い出します。「歴史は繰り返さないが韻を踏む」。つまり、過去の歴史をそのまま繰り返すことはないけれど、韻を踏む形で非常に似たようなことが起きるのだということです。

岸田政権が誕生した直後、私は1960年代を思い起こしました。1960年、安倍元首相のおじいさんの岸信介が総理大臣で、日米安保条約の改定を強行しようとして反対の声が盛り上がり、デモ隊が国会を取り巻きました。あのとき、日本は国論が二分されたのです。ところが岸が辞めた後、池田勇人が総理大臣になって、突然「所得倍増

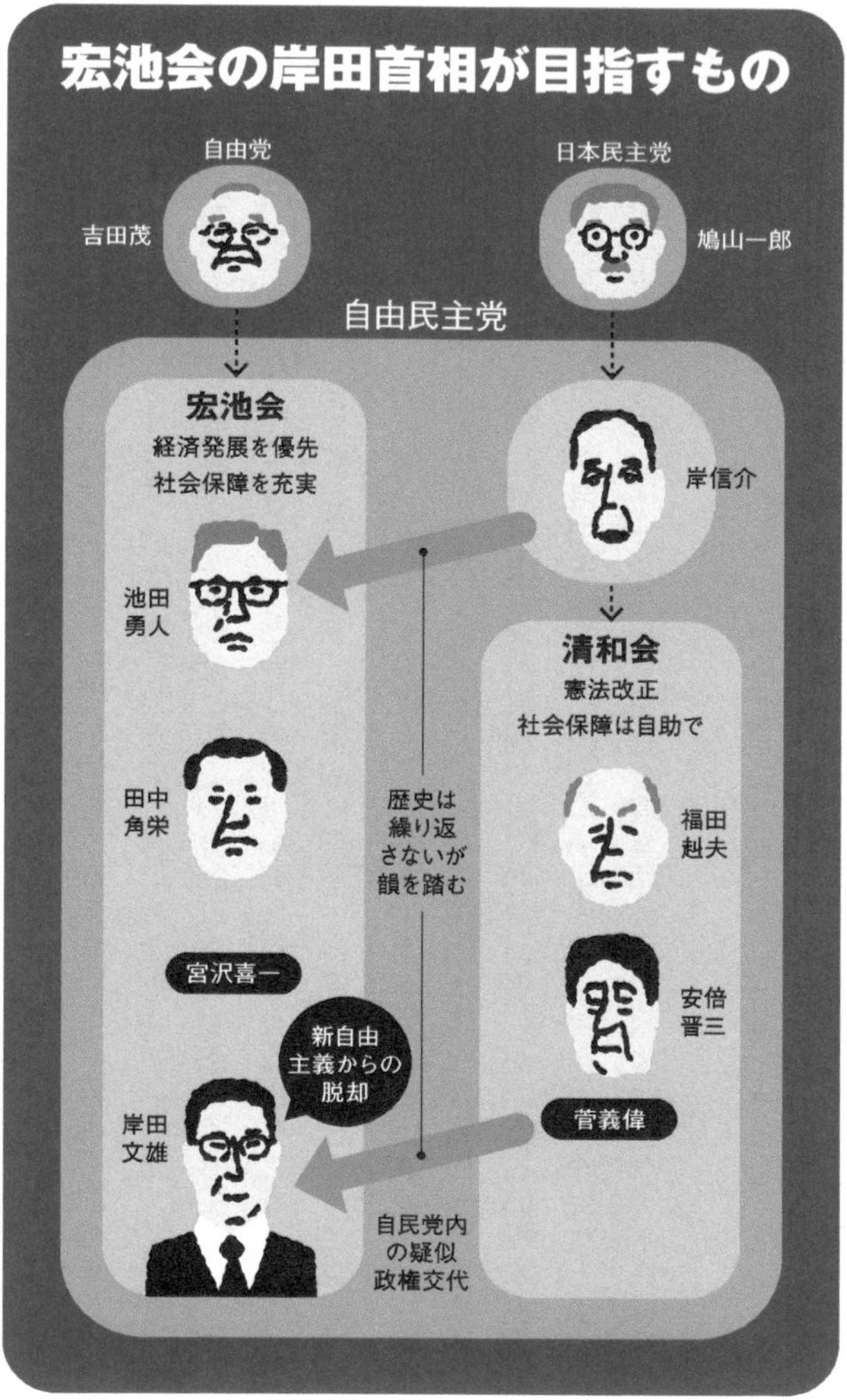

宏池会の岸田首相が目指すもの
自由党
吉田茂
日本民主党
鳩山一郎
自由民主党
宏池会
経済発展を優先
社会保障を充実
岸信介
池田勇人
田中角栄
宮沢喜一
新自由主義からの脱却
岸田文雄
歴史は繰り返さないが韻を踏む
清和会
憲法改正
社会保障は自助で
福田赳夫
安倍晋三
菅義偉
自民党内の疑似政権交代

論」を打ち出しました。すると、それまでの**分断された政治の季節から、経済の季節に変わります**。「みんなが豊かになればそれでいいじゃないか」と。安保騒動の後の社会不安を経済発展で払拭《ふっしょく》しようとして、国民は惹《ひ》きつけられました。

当時の野党第1党は社会党です。社会党は「この分断は自民党がつくり出した。みんなの給料を引き上げて豊かになろう」というのを選挙のスローガンにしようとしていたら、池田勇人に取られてしまったのです。結果的に選挙で自民党が勝利。社会党が票を伸ばせませんでした。どうですか、この前の衆議院選挙を彷彿《ほうふつ》とさせるでしょう。

岸田氏は宏池会（現岸田派）のトップです。明らかに池田勇人を参考にしています。さらに「私が目指すのは新しい資本主義の実現です」と言いました。**新しい資本主義とは何か。これはすなわち「新自由主義からの脱却」です**。「小泉・竹中《たけなか》路線」とよくいわれましたが、新自由主義とは、とにかく規制を取り払い、すべてマーケットに任せようという考え方です。

日本は構造改革路線をひた走り、労働者派遣法の改正で非正規社員が増えたといわれています。格差が拡大する中で、安倍政権もこの路線を引き継ぎました。菅政権もそうです。とくに菅氏は「自助・共助・公助」という言い方をしていました。最後は国が助けますが、まずは自分で何とかしろ。これはまさに新自由主義です。

岸田首相は、アベノミクスは失敗だったと思っているから「分配なくして次の成長なし」と言ったのです。同じ党内でトップが変わることによって方針がガラリと変わる。これが自民党です。

自民党内で、清和会が「右寄り」とすると、宏池会は「中道」です。**振り子がどちらかに振れすぎたら、バランスをとる。**自民党内には常にそれがあり、結果的にこれが、疑似的な政権交代のように見えるのです。**今回は清和会から、宏池会へ自民党内で疑似政権交代が起きました。**

こうなると、わざわざ立憲民主党に任せなくてもいいのではないかと考える有権者もいるでしょう。これでは野党の出番がありません。

■維新は「日本を変えてくれる野党」なのか？

その一方で、規制を取り払って経済を成長させるべきだという新自由主義的な考え方を持っている人からしてみると、岸田首相は「旧態依然としたやり方に戻ろうとしている」という反発があります。

その典型が「日本維新の会」です。2021年の衆議院選挙では大躍進しました。拠点の大阪では、自民党と戦った15選挙区で全勝したのですね。まさに維新フィーバーです。

日本維新の会は、岸田政権を批判し「自民党は変えようとしない。もっと改革を進めるべきだ」と対立を積極的に発信しました。私に言わせれば、維新は自民党の清和会より右寄りで、新自由主義を徹底させようという政党です。

それを知ってか知らずか、「維新は世の中を変えてくれるんじゃないか」、古い政党より改革政党のほうがいい。じゃあ維新に投票しようという人が大勢いたのでしょう。

もちろん大阪府知事の吉村洋文《よしむらひろふみ》・日本維新の会副代表の人気も、大きかったことは間違いありません。

吉村府知事は毎日記者会見をするのですが、質問が尽きるまで答え続けます。1時間でも2時間でも答える。またそれを関西の民放テレビ局が中継をするので、維新の宣伝のようになっているのですね。これが視聴率を取るのです。

実は、維新の議員の中には自民党や立憲民主党から公認がもらえずに維新になった人もいて、当選した議員や予定候補者による不祥事が相次いでいます。不正な金銭絡みあり、わいせつ行為あり、差別発言あり、「不祥事のデパート」と言う人もいます。

しかし、とにかく**「維新は何かやってくれそう」というイメージを持っている**のです。

2022年7月、参議院選挙があります。**維新が関西以外でも党勢を拡大できるのかに注目**です。自民党が勝てば、次の参議院選挙まで3年間あり、岸田首相が衆議院を解散しなければ、3年間、選挙のことを考えずに政権運営ができます。これを「黄金の3年間」といいます。もう安倍氏に気を遣う必要もなくなるでしょう。

■ソボクな疑問「連合」ってナニ？

かつては、自民党に投票したくない人は民主党に入れていましたが、民主党が立憲民主党と国民民主党に分裂してしまい、わかりにくくなってしまいました。**どちらも労働組合の支持を受けている党ですから、組合員の支持も分裂してしまいます。**

労働組合というのは、労働者の雇用の維持や、「賃金を上げてほしい」、「労働条件を改善してほしい」といった待遇改善を要求するための組織です。

2021年、日本最大の労働組合の中央組織である「連合（日本労働組合総連合会）」の会長に、初めて女性が就任し話題になりました。前会長の神津里季生《こうづりきお》氏からバトンを引き継いだのは、芳野友子《よしのともこ》氏です。労働組合は労働者の味方であるはずなのですが、連合の芳野会長は「自民党に接近している」という話も聞こえてきます。

労働組合の歴史を振り返ると、第2次世界大戦直後は労働組合が過激化した時代でした。敗戦後、GHQ（連合国最高司令官総司令部）の戦後改革の一環で「労働組合法」が制定され、当時は焼け野原で飢餓もあったような貧しい時代の中から、労働組合運動が盛り上がっていくのです。ストライキが頻発《ひんぱつ》しました。

しかし、そういう激しい労働組合運動に、「過激すぎてついていけない」という人が、もっと穏健な労働組合をつくろうと、結成したのが「**総評（日本労働組合総評議会）**」です。

しかし、その総評が次第に左翼化していくのです。日米安保反対などの運動の中核も担いました。

すると、「労働組合が会社と対立してストライキなんてするべきじゃない。会社あっての我々だ」と考えて、新たに経営者に友好的な労働組合をつくる動きが出てきます。これが2番目に組織された労働組合という意味で「第2組合」といいます。悪く言えば「御用組合」ですね。会社から支援を受けたりして、第2組合の人は出世したのです。

会社とは対立しない、会社の言うことを聞く組合です。労使協調路線です。こういう労働組合がつくったのが「**同盟（全日本労働総同盟）**」です。

同盟は総評の組合から分裂し、激しく対立しました。

総評は自治労や日教組といった官公庁の労組が中心で、同盟は自動車、電力、繊維など、民間労組が中心でした。総評は社会党を支持し、同盟が支持したのが社会党から右に分裂した民社党です。

そのころは、「右に自民党があり、左に社会党があり、その真ん中が民社党」といわれていました。我々の学生時代は、就職試験で必ず支持政党を聞かれました。いまだったらあり得ませんね。そのとき「自民党です」と答えると、「若いのに保守的だ」といわれ、「社会党」あるいは「共産党です」と答えると、「左翼は困る」と煙たがられる。民社党と言っておけばOKだろう、そういう雰囲気がありました。

しかしそのうち、いっしょになって影響力の大きい労働組合をつくろうとして結成されたのが「連合」です。1989年、**「総評」と「同盟」が連合したから「連合」**というわけです。官民の労働組合も一体化しました。非自民政権誕生の原動力となり、1993年には、非自民の細川護熙《ほそかわもりひろ》政権を誕生させたのです。

■政権交代はもう不可能なのか

しかし、**共産党系の労働組合は、連合を批判し、「全労連（全国労働組合総連合）」を結成**します。だから連合と共産党はいまも関係がよくないのです。

連合初の女性会長となった芳野氏はＪＵＫＩというミシンメーカーの労働組合出身で、旧同盟系なのですね。共産党には批判的な立場です。

立憲民主党は「政権を奪取するためには野党共闘が不可欠」と、立場の違いを乗り越えて共産党と選挙協力をしようとしていますが、国民民主党がそれに反発。**なかなか野党が一枚岩にはなれません。**

先の選挙では「立憲共産党」なんていう言葉が躍り、自民党もそこを突いて「立憲民主党は共産革命を支持する勢力だから、野党共闘に票を入れてはいけない」と訴えていました。

野党共闘が必要というのは、選挙制度の問題です。衆議院は小選挙区比例代表並立制です。小選挙区では、ひとつの選挙区で1人しか当選しません。政党が協力し合って候補者を1本化しないと政権交代ができないのです。参議院選挙でも、1人区、定数1の選挙区がカギを握っています。自民党は立場の違いを乗り越えて、公明党と協力しています。

野党の連携が進まない中で、自公は選挙で勝つためにうまくやっているのです。

■経営者側が力を持つ国に逆戻り

自民党が勝ち続けている背景には、「野党が弱すぎる」ことがあります。

自民党は地方にも議員が多く、後援会もあり、分厚い支持基盤があります。47都道府県に自民党支部の連合組織があり、ポスター貼りをしてくれたり、演説をするといえば人を集めてくれたりします。これは強みですね。労働組合を除く、医師会や農協などはほとんどが自民党支持です。公明党も選挙になれば創価学会の会員が動いてくれます。

どちらも組織票がある。その自民党と公明党が連立を組んで選挙協力をしているわけで

す。

それに対し、野党候補は、選挙となると、連合が支援しないことには戦えない候補者が大勢いるのです。

しかも、最近は組合員がどんどん減っているし、非正規雇用の割合が増加し、労働組合に加入しない労働者も増えてきました。

でも、こうなると労働者の声が政治に届きません。連合はできるだけ多くの労働者の声を代弁する組織であるはずです。ごく一部の、たとえば経団連（日本経済団体連合会）に入っているような大手企業の労働者だけの代弁者ではないでしょう。**労働問題の重要性が高まっています。**日本の労働者の賃金が30年間上がっていないいまこそ、連合が頑張らないといけないと思うのですが。

■海部俊樹元首相が91歳で死去

2022年1月9日、自民党の海部《かいふ》俊樹《としき》元首相が亡くなりました。海部氏が自民党の総裁になったのは1989年です。ベルリンの壁が崩壊する激動の時代。中国では天安《てんあん》門《もん》事件があり、日本は昭和から平成への変わり目でもありました。

早稲田大学の弁論サークルである雄弁会出身で弁が立つ人で、水玉模様のネクタイをトレードマークとしていましたが、欧米で水玉模様は弱さの象徴なのです。

海部氏がちょうど首相のとき、湾岸戦争が起こりました。彼は中東のことを何も知らなかったようです。1990年のイラクのクウェート侵攻をきっかけに、翌年1991年、アメリカ軍など多国籍軍がイラクを攻撃して湾岸戦争が始まるのですが、最初に「イラクがクウェートに攻め込みました」という報告を受け、「え、それで？」と言ったというのです。

日本はアメリカから「ショー・ザ・フラッグ」と自衛隊の派遣を求められたのですが、「そんなことはできない、その代わりにお金を出しましょう」と130億ドルの戦費を負担しました。

当時の大蔵大臣は橋本龍太郎《はしもとりゅうたろう》。ドルでこれだけ出すと提示したのはいいのですが、為替レートについて話を詰めておかなかったので、その後円安が進んで、思わぬ負担増になったという話があります。

湾岸戦争後、クウェートは世界各地の新聞に支援をしてくれた各国の名前を並べて感謝広告を出したのですが、その中に日本の名前はありませんでした。

海部氏の地元では、「サイフは落としてもカイフは落とすな」というキャッチフレーズがあったくらいですから、地元で選挙は強かったのです。

そして、「担《かつ》ぐ神輿《みこし》は軽いほうがいい」と、当時の実力者・小沢一郎《おざわいちろう》氏が、リクルート事件によって有力な政治家が力を失っていく中で、クリーンな海部俊樹を首相に担ぎ上げました。

当時の自民党で影響力を持っていたのは、「金竹小《コンチクショウ》」。金丸信《かねまるしん》、竹下登《たけしたのぼる》、小沢一郎でした。

■宇野首相と『サンデー毎日』

ちなみに、海部俊樹首相が誕生したのは、その前の宇野宗佑《うのそうすけ》首相が女性問題で退陣に追いやられたからです。宇野内閣はわずか69日間の短命政権でした。

竹下登がリクルート事件で退陣し、宇野にはお金の問題はないだろうと総理にしたら、元愛人が、「これで愛人にならないか」と指3本（30万円）を立てられたことを暴露したのです。その時、この話をどこの新聞も取り上げませんでしたが、当時、鳥越俊太郎《とりごえしゅんたろう》氏が編集長をしていた『サンデー毎日』だけが取り上げたのです。

いまでは考えられませんが、当時マスコミ各社は「サンデー毎日はなんてひどいことをするんだ」「なぜ、ヘソから下のことを書くんだ」と冷ややかに見ていました。政治家に潔癖さを求めるようになったのは、そこからなんですね。それまでマスコミは女性問題には触れなかったのです。

アメリカも、こうした報道はビル・クリントン大統領からです。ホワイトハウスのインターンのモニカ・ルインスキーさんと性的関係を持ったことがスキャンダルになり、「不倫弾劾裁判」にかけられました。

でも、ジョン・F・ケネディ大統領が女優のマリリン・モンローと不倫関係にあったことは政治記者たちは知っていましたし、ケネディ大統領の後を継いだリンドン・B・

ジョンソン大統領も、大統領執務室に女性を呼び込み、「妻が来ないか見張っていろ」とシークレットサービスを廊下に立たせていました。

フランスではかつて、フランソワ・ミッテラン大統領に隠し子がいましたが、記者に「隠し子がいるそうですが」と指摘され「で、それが何か？」で終わりました。フランスではそんなことは「私的な問題」ということでしょうね。

日本で、政治家の不倫が叩《たた》かれるようになったのは宇野氏からです。宇野氏は俳人で自作句集も出すほどの教養がありました。演説もうまく、政界でも珍しい「文人政治家」だったのです。しかし世間の印象は、「指３本で総理大臣を辞めた人」……、余計な話でした。

■ウクライナ問題は台湾問題──「台湾有事」はある？

ロシアのウクライナ侵攻問題は、中国の台湾問題にもつながります。台湾は日本の最西端にある沖縄県与那国《よなぐに》島から１１１キロという近さにあり、台湾有事があれば日本も少なからず影響を受けることになるでしょう。

2021年10月、ロシアと中国の艦隊が津軽《つがる》海峡を通過しました。合同で巡航し、軍事演習も行っています。

習近平《しゅうきんぺい》はロシアの状況をどうみているのか。台湾有事になれば、アメリカの対応はどうなるのか。これは日本も気になるところです。

習近平は、アメリカの出方を注視しているのでしょう。ウクライナにロシアが攻め込んだとき、アメリカがロシアに対してどれだけ強硬な態度をとるのか。

しかし、個人的には中国が台湾に攻め込むことはないとみています。軍事侵攻をすれば、本当にアメリカと戦争になってしまうからです。

ウクライナはNATOに入っていないため、アメリカは手出しをしません。しかし、**台湾に関しては、アメリカには「台湾関係法」があります**。これは台湾との関係を規定したアメリカの法律で、「アメリカは台湾防衛のために武器を提供し、台湾住民の安全のため適切な行動をとらなければならない」と定めています。中国の武力侵攻に対し、アメリカの防衛義務は定めていませんが、軍事介入を匂わせています。

台湾が中国から攻撃された場合は、アメリカが台湾を防衛する。中国が台湾を攻撃したら悲惨なことになるのを中国もわかっていますから、考えているのは「孫子《そんし》の兵法」でしょう。つまり、「**戦わずして勝つ**」ということです。中国は台湾に対する嫌がらせを続けています。こうすることで、台湾の中で「中国と仲良くしたほうがいい」と考える勢力を増やすことができると考えているというわけです。

■ウクライナ危機で露呈「テロに弱い原発」

ウクライナに侵攻したロシア軍がチョルノービリ（チェルノブイリ）原発を占拠しました。この出来事は、原発がリスクになりうることを実感させました。

日本の海沿いには多くの原発があります。「原発は安全保障に関わる」、あらためてそう感じていたところ、２０２２年3月16日の夜、宮城県と福島県で震度６強の地震が発生しました。東京も相当揺れましたが、福島の原発では冷却機能が一時停止したとのこと。**地震も多い日本の原子力発電所は、テロと地震、２つのリスクを抱えている**ことになります。

しかし、ウクライナ情勢で**エネルギー価格が高騰すると、やはり原発が必要だという議論が出てきます**。ヨーロッパではドイツが脱原発を掲げる一方で、フランスはクリーンエネルギーには原子力発電しかないと増設計画を発表、原子力政策を転換しました。

現在、多くを火力発電に依存する日本も、「脱炭素」に向けて、いまある原発を使いながら、どうしても必要となればリプレース（いまの敷地内で建て替え）するという議論がされています。

エネルギー問題の解決策は原発しかないのか、悩ましい問題です。

2009年、当時の鳩山由紀夫《はとやまゆきお》首相は、ニューヨークの国連気候変動サミットで温室効果ガス「25％削減構想」を打ち出し、「世界をリード」と大喝采《だいかっさい》を浴びました。実はあれは、「これから原発を大量につくるので、二酸化炭素を減らすことができます」という前提があったのです。世界が足並みを揃えるなら、日本も原発をつくってやりますということだったのですが、「25％削減」だけが切り取られ、「鳩山が大風呂敷《おおぶろしき》を広げた」と叩かれました。

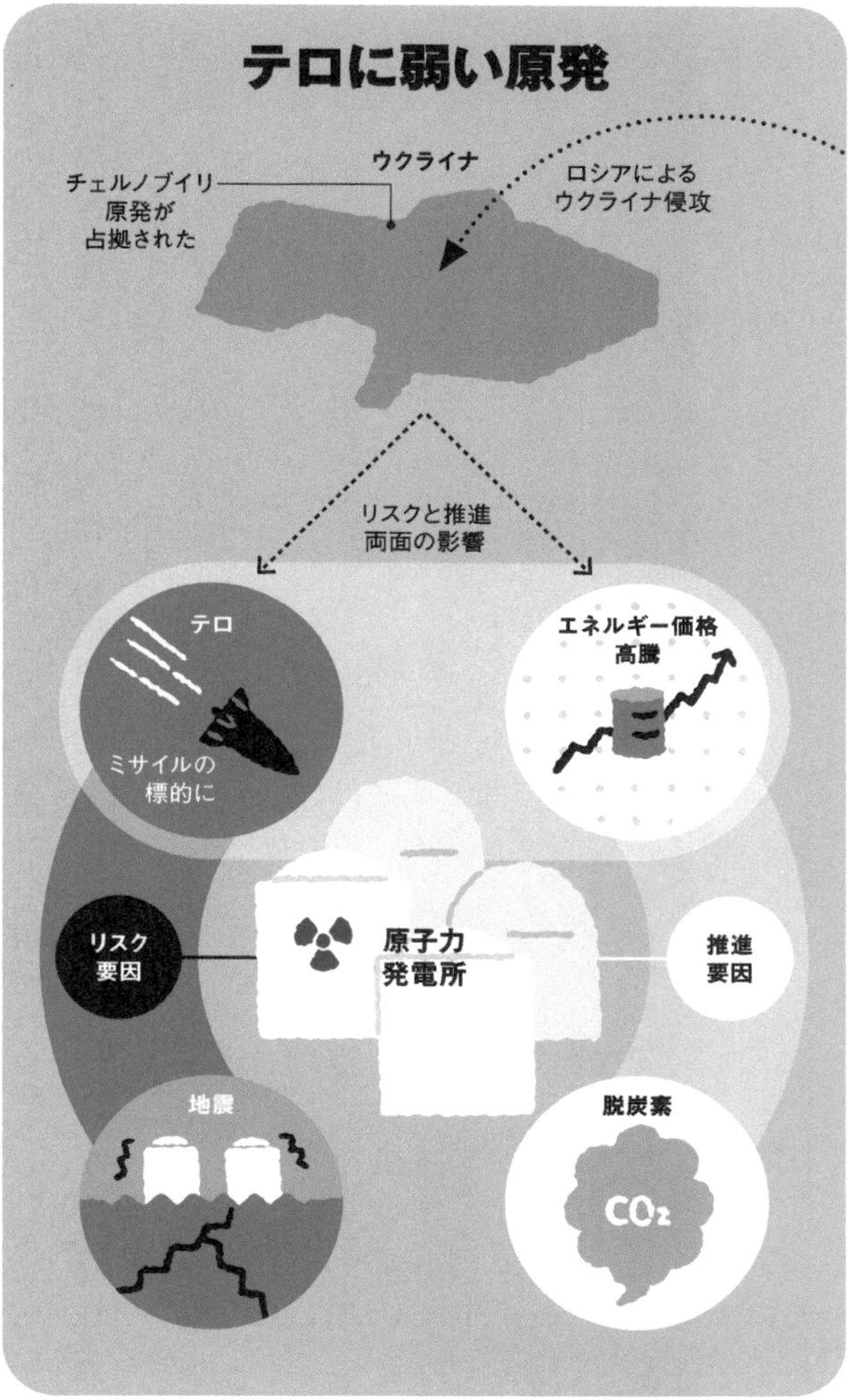
テロに弱い原発
ウクライナ
チェルノブイリ原発が占拠された
ロシアによるウクライナ侵攻
リスクと推進両面の影響
テロ
ミサイルの標的に
エネルギー価格高騰
リスク要因
原子力発電所
推進要因
地震
脱炭素
CO2

民主党の鳩山氏が「原発を推進」していたのは意外だと思われるかもしれません。ちなみに原発を推進したい電力各社の労働組合は、「原発ゼロ」に傾く立憲民主党に反発し、国民民主党を後押ししています。

エピローグ

未来を知るには、未来を創ること

■歴史の転換点で日本はどう振る舞うか

今回は、ロシアのウクライナ侵攻に関して多くのページを割きました。2021年の『知らないと恥をかく世界の大問題12』では、それが新型コロナウイルスでした。

まさか21世紀になってこんな光景を見ることになるとは、驚きとともに無力感に苛《さいな》まれます。民間人の犠牲が日々、増えていきます。

この大きな歴史の転換点で、日本としてはどう振る舞うべきなのか。岸田文雄《きしだふみお》首相は、G7と足並みを揃える形でロシアへの制裁を強化しています。ロシアによるウクライナへの軍事侵攻は「歴史に刻むべき非道な行為だ」と**厳しく非難し、貿易上の優遇措置などを保障する「最恵国待遇」を撤回しました。**

この日本政府の姿勢は、2014年にロシアがウクライナ南部のクリミア半島を強制的に併合したときとはかなり違います。当時は、世界各国がロシアに対して厳しい経済制裁を打ち出す中、日本は欧米と一線を画し、ほとんど影響のないような形ばかりの制裁をしました。当時の安倍晋三《あべしんぞう》首相が、ロシアとの北方領土交渉の進展を目指したからです。

今回、日本政府が強硬姿勢をとったことでロシアは反発、北方領土問題を含む日ロ間の平和条約締結交渉が当面、凍結される見通しとなりました。

日本にとって困難な道ですが、日本としてはアメリカとしっかり協力し合っていると示すことが大事でしょう。日本とアメリカの関係に亀裂《きれつ》が入ると、そこに付け入られます。日本と韓国の関係も同様です。冷え切った日韓関係だと、ここにも付け入られます。

韓国では、2022年3月の大統領選挙で、「冷たい日韓関係を元に戻したい」という保守系の尹錫悦《ユンソンニョル》が当選しました。**日米韓3カ国の連携もしっかりすることが、中国に対する、あるいは北朝鮮に対する牽制《けんせい》になる**のです。

■ヨーロッパは過去の失敗を想起

ヨーロッパも苦しい立場です。天然ガスの全輸入の45%、原油の27%をロシアに頼っているといわれています。**エネルギー危機は深刻化しています。**

しかし、今回ヨーロッパの政治家たちは過去の失敗を思い起こしています。

1933年、ドイツで政権を掌握したアドルフ・ヒトラーは、1938年、「ゲルマン民族の統合」をスローガンにオーストリアを併合し、同年、今度はチェコスロバキアにも手を伸ばしました。当時、チェコスロバキア北部のズデーテン地方に多数のドイツ人が住んでいたことから、割譲を要求したのです。

ヨーロッパはこの要求にどんな態度をとるべきか。それを決めたのが「**ミュンヘン会談**」です。イギリス、フランス、ドイツ、イタリアの4カ国の代表が集まりました。ドイツの要求を受け入れないと、ドイツ軍の侵略を招くと考えたイギリスの当時のアーサー・ネヴィル・チェンバレン首相（ウィンストン・チャーチルの前任者）は、**これ以上の領土拡大をしないという条件でヒトラーに妥協、ズデーテン地方をドイツに渡すことを容認してしまいました。**

宥和《ゆうわ》政策は効果がありませんでした。翌年ドイツは、チェコを「保護領」とし、スロバキアを「保護国」として分割。チェコスロバキアを解体してしまったばかりか、ポーランドにまで攻め込み、第2次世界大戦を引き起こしました。

これがいまのヨーロッパの政治家にとってのトラウマになっています。**ゆえにロシアの要求を受け入れてはならないとNATOが連携し、対ロ強硬姿勢をとっているの**です。

「歴史は繰り返さないが韻を踏む」。まさに、私たちは「韻を踏む」のを目撃しているといえます。

■東京大学前で17歳男子「切りつけ事件」に思う

国内へ目を転じると、2022年、大学入学共通テスト初日の1月15日、東京大学のキャンパス前で起きた事件は衝撃的でした。

愛知県名古屋《なごや》市の私立進学校の高校2年生の少年が、受験生ら3人を刃物で切りつけて負傷させ現場で逮捕された殺人未遂事件です。私は前日にあの場所を通り「試験会場」という看板を立てているところを見ていたので、本当に驚きました。

報道によれば、医者になるために東京大学医学部を目指していたのに、1年前から成績が悪くなり、自信を失くしていたとのこと。

この少年が通っていた高校には、私も生徒たちに呼ばれて訪れたことがあります。生徒の自主性に任せて特徴のある教育をしているとてもいい学校でした。なまじ成績がよかったものだから、日本でいちばん偏差値の高い医学部へ進学しなければいけないと思い込んだのでしょうか。

でもいい医者になりたいなら、別に東大の医学部を目指さなくても、医者になるためのいい大学はたくさんあります。でも彼の頭の中には「東大」しかなかったようです。周りがみんな東京大学や京都大学を目指していると、やはり、「世の中にはたくさんの医学部があるじゃないか」と言っても難しいのかもしれませんね。

声を大にして言いたいのは「東大だけが大学じゃない」ということです。今回の事件の背景には、「学歴信仰」があるのでしょう。

■『USニューズ&ワールド・レポート』の大罪

私も民放のクイズ番組から、「特番で、有識者が選んだニュースを出題したいので協力してもらえませんか」と協力を求められることがあります。そのときは「出演者のタレント一人ひとりの出身校が明記されて、有名大学をアピールするような番組には協力できません」とお断りしています。

東大生がいかに物知りかを強調するような番組が人気のようですが、**「頭がいい」ことと「物知り」とは違うのです。**

マスコミも学歴信仰を助長しているのではないか。「学歴社会は過去のもの」と言っているテレビが、東大や特定の私立大学を持ち上げたりするなんて、「恥ずかしくないですか？」と言いたいのです。

アメリカも同様です。アメリカもそれぞれの州にいい大学があって、別にハーバードやスタンフォードじゃなくても……、という価値観だったのに変わってしまいました。『USニューズ&ワールド・レポート』という雑誌が、1983年から**大学ランキングを始めてからです。**

週刊だったのですが、経営不振に陥り、週刊誌の刊行をやめ、大学ランキングを売り物にしました。分野別に、医学ならココ、経済ならココという具合にランキングを出す。これが話題となり、爆発的に売れるようになって、ハーバード大学やスタンフォード大学の志願者が激増しました。

そうすると次に何が起きたのか。ランキングの評価基準に、設備はどうか、卒業生がどれだけ寄付をしているか、ということも入っていたことから、各大学はランキングを上げるには設備を充実させればいいと、こぞって立派な体育館をつくったり、アメフト場をつくったりしたのです。**その結果、何が起きたか。どんどん学費が上がりました。**

『USニューズ&ワールド・レポート』が大学ランキングを出すことによって全国の大学の学費が急激に上がり、「いい大学に行かなければ」という競争が激化し、**結果、いまのアメリカの学生は多額の学費ローンに苦しめられている**のです。

日本の雑誌も「偏差値ランキング」をやっていますね。

今回、**東大前で人に切りつけた少年の行為は、決して許されることではありません。**

しかし、受験は人生の通過点でしかないのです。志望校に入れなかったことによって、新たな人生が開けることがあることを知ってほしいと思います。

■麻布中入試の社会科「難民問題」が画期的

私はいくつかの大学で教えていますが、中学校や高校でも「授業をしてください」と呼ばれて行くので、中学や高校の入試問題も注視しています。

都内の中高一貫男子校である、麻布中学の2022年度入試問題（社会）は画期的でした。最初から最後まで難民に関する問題だったのです。「コンビニエンスストアの店員さんって外国人が多いなあと思ったことはありませんか」から始まって、難民の定義とは何か、日本で難民申請がなかなか認められない状況が続いていること、日本政府が難民審査でこういう質問をすることをあなたはどう思いますか？　と問うのです。これを小学6年生に答えさせるのですから、超ハイレベルです。

いちばん驚いたのは、1930年の福岡県若松市《わかまつ》（現在の北九州市）の市議会議員選挙における政見演説会の案内（出典　有馬学『日本の歴史23　帝国の昭和』）に立候補者の名前が書いてあって、日本語の名前の横にカタカナとハングルのふりがながが付けてある。

「ハングルが記されているのはなぜですか。説明しなさい」という問題です。大人でも答えられない人がいるのではないでしょうか。

当時は日本にハングルしか読めない人もたくさんいたのです。さらに朝鮮半島から来た人も選挙権を持っていたということですね。つまり、朝鮮半島は日本の支配下（植民地）だったということを答えさせたかったのでしょう。

また、2022年の大学入学共通テストの問題にも目を通してみました。「数学I」の試験問題など、とても歯が立ちませんが、地形の測量がテーマの問題を見て「どこかで見た図だな」と思ったら、防衛省がミサイル迎撃システム「イージス・アショア」の配備地をめぐって、データを誤った過程とそっくりなのです。

防衛省は2018年、北朝鮮からのミサイルを迎撃するため、「イージス・アショア」を秋田県と山口県に配備する計画をまとめました。適地とされたのは秋田県の陸上自衛隊新屋《あらや》演習場だったのですが、「こんな生活圏に近い場所で大丈夫なのだろうか」と疑問を持った地元紙「秋田魁《さきがけ》新報」の記者が調べたところ、初歩的な間違いがあったのです。

サイン、コサイン、タンジェントと習ったであろう三角関数を使った計算で、地図の縮尺を間違えていたのです。

三角関数の知識は、防衛上も大切なのです。

2021年の大学入学共通テストの「生物基礎」の試験では、ファイザーやモデルナのワクチンに使われているmRNA（メッセンジャーRNA）の働きを問う出題がありました。**ニュースになっている出来事を素材に使うことで、「勉強は社会に出てからも役に立つ」ことを知ってもらおうという意図が強く見えるようになってきました。**

今回も数学や理科の作問者は、数学や理科といった科学を学ぶことの大切さを知ってほしかったのでしょう。

2015年、当時の鹿児島県知事は「高校で女の子にサイン、コサイン、タンジェントを教えて何になるのか」と発言して問題になりました。ひどい偏見、ひどい時代錯誤に呆《あき》れましたが、防衛省の測量の初歩的な間違いをみるとわかるように、三角関数は社会に出ても必要になるのです。

■ポストコロナをどう生きるか

私たちにはきちんとした教養が大切なのだとつくづく思います。

日々、フェイク情報が飛び交っています。**AI（人工知能）を使って巧妙な偽の動画をつくる、「ディープフェイク」画像なるものも出てきました。**ウクライナのウォロディミル・ゼレンスキー大統領が、ロシアへの降伏を発表しているように見せかけたディープフェイク画像（偽画像）が拡散され、騒動になりました。

ワクチンをめぐる陰謀論にしてもそうです。アメリカ国内では、ワクチンをめぐるさまざまなデマのうち65％はたった12人によって広められていることがわかっています。「ワクチンは危険だ」と言われると、思わずウェブサイトなどを見てしまう。でもそうすることで、デマを広めている人に広告収入が入ります。**デマを広めることで、莫大《ばくだい》な利益を得ている人たちがいる**のです。

新型コロナウイルス感染症の流行は私たちの生活に大きな影響をもたらしました。コ

伝えること、受け取ること――
フェイクニュースとの戦い

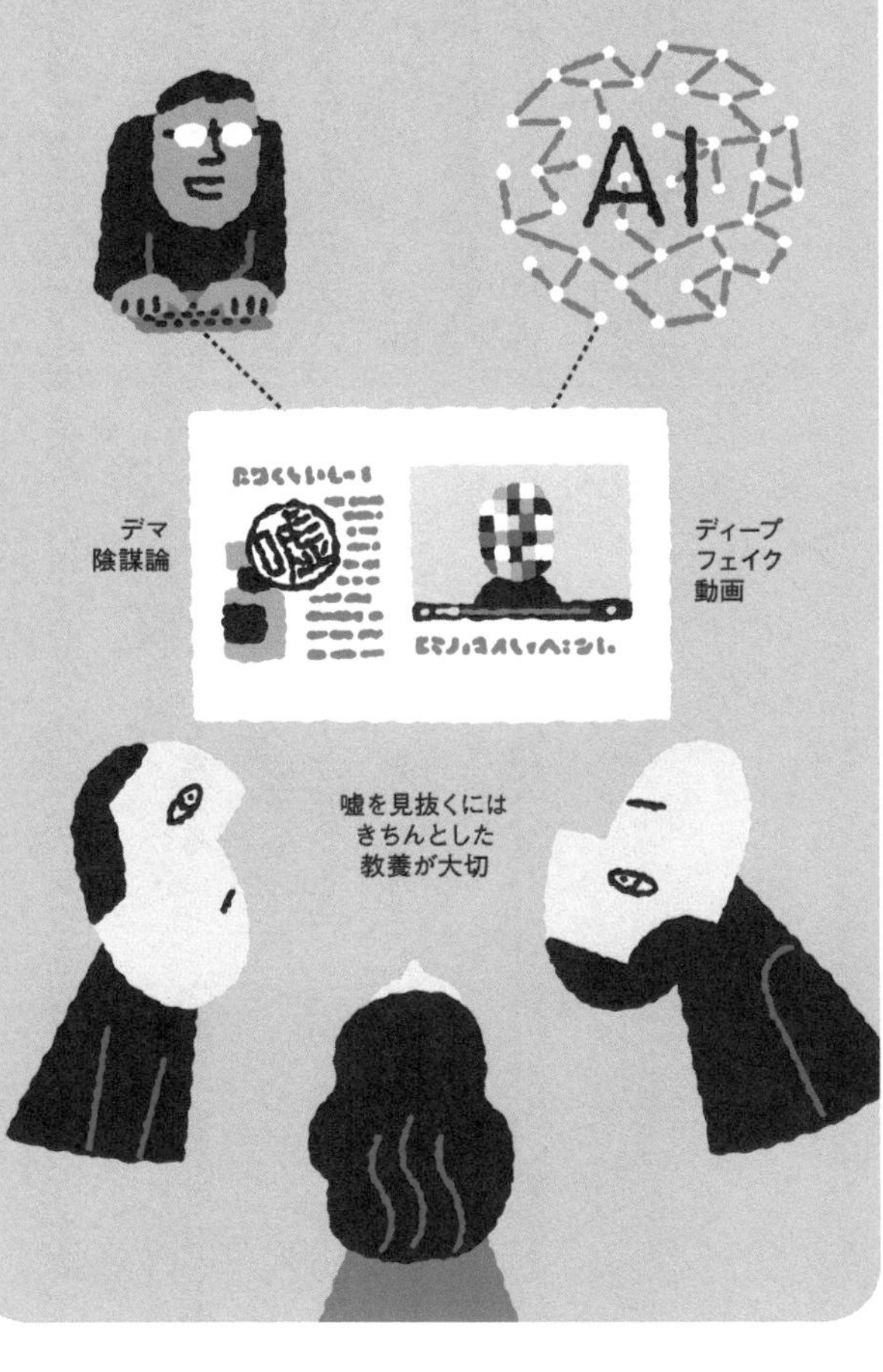

ロナ禍を乗り越えた先に、どんな世界があるのか。ポストコロナをどう生きるか。

30年後の世界を考えてみてください。人生100年時代、**未来を描く想像力が大事です。**

未来を考える力を身につけることは、自らの人生を考えること。学び方や生き方を選ぶことは、あなた自身に託されています。

たくさん読書をしてください。興味を持ったどんな分野でもかまいません。1日30分でもかまいませんから、スマホを置いて活字を読み、**真の豊かさとは何か、考える時間をつくってほしいと思います。**

著名な経営学者で〝マネジメントの父〟と呼ばれたピーター・ドラッカーの言葉を最後に紹介して終わりにします。

「未来を知る最善の方法は、未来を創ることだ」

おわりに

新型コロナウイルスの感染拡大が一段落したら、「ウィズコロナ」の生活をどう築いていくか。2022年は、それが課題だと思っていたのですが、ロシアのウクライナ侵攻で、もうひとつの課題がクローズアップされることになりました。それは、日本の安全保障をどうするか、という問題です。

ロシアのウクライナ侵攻は、ウラジーミル・プーチン大統領にとって誤算だらけです。数日でウクライナの首都キーウを制圧し、傀儡《かいらい》政権を作り上げるはずが、頑強な抵抗によって、ロシア軍に多大な損害が出ています。

この様子を、中国も北朝鮮も注視しています。とりわけ中国は、台北《タイペイ》への電撃的な軍事侵攻で台湾を制圧するという戦法が極めて困難であることを思い知ったことでしょう。いまやウクライナ情勢を横目で見ながら、戦略を練り直しているはずです。

中国は、同時にアメリカなど西欧諸国がどこまで真剣にウクライナを軍事支援するつもりなのかを見ています。もし中国が台湾侵攻に踏み切ったら、アメリカは台湾に軍事支援をするのか、どうか。もし支援するなら、アメリカ軍は沖縄の基地が拠点になります。そのとき日本は、どこまでアメリカ軍を支援するつもりがあるのか。さまざまなシミュレーションを積み重ねているはずです。

最近「台湾有事は日本有事」という言葉も聞かれます。台湾で何かが起きれば、すぐ近くにあるのが沖縄。日本の安全保障にも関わってきます。

こうなると、沖縄のアメリカ軍基地の存在が、一段と重要な位置を占めることになります。今年2022年は、沖縄の本土復帰50年です。太平洋戦争末期、沖縄はアメリカ軍と日本軍による激しい地上戦となり、双方合わせて20万人もの犠牲者が出ました。戦争が終わったら、今度は東西冷戦が始まり、アメリカ軍にとって沖縄はキーストーン(要石《かなめいし》)になりました。沖縄のアメリカ軍基地に戦闘機や爆撃機を配備しておけば、台湾にも朝鮮半島にも短時間で駆け付けることが可能になるからです。

その結果、沖縄のアメリカ軍基地は、なかなか縮小されることなく存続しています。普天間《ふてんま》飛行場は、とっくに日本に返還されるはずでしたが、代替地の辺野古《へのこ》の埋め立てが進まず、返還の見通しは立っていません。埋め立て工事も、始まってみると海底に軟弱地盤があることが発覚。工事完了には、まだまだ時間がかかる見通しです。

よく言われることですが、沖縄には日本にあるアメリカ軍基地の面積の70・3％が集中しています。沖縄の面積は日本の国土面積の0・6％なのに。沖縄本島の面積の約15％はアメリカ軍基地が占めています。その結果、アメリカ軍兵士による犯罪も後を絶ちません。沖縄県の人たちは、こんな状態で50年を過ごしてきたのです。「沖縄の問題は日本の問題」。この観点から、沖縄の発展をどう進めるのか、私たちみんなが考え、取り組まなければならない課題なのです。

遂にシリーズ第13弾に突入した今回の書籍もＫＡＤＯＫＡＷＡの編集者・辻森康人さんと八村晃代さんにお世話になりました。

２０２２年５月

ジャーナリスト　池上《いけがみ》　彰《あきら》

主要参考文献一覧

第1章

▽『多民族の国アメリカ―移民たちの歴史』ナンシー・グリーン／明石紀雄・監修／村上伸子・訳（創元社）

▽『そうだったのか！アメリカ』池上彰（集英社文庫）

▽『池上彰の世界の見方　アメリカ：ナンバーワンから退場か』池上彰（小学館）

▽『池上彰の世界の見方　アメリカ2：超大国の光と陰』池上彰（小学館）

第2章

▽『物語　ウクライナの歴史―ヨーロッパ最後の大国』黒川祐次（中公新書）

▽『現代ロシアの軍事戦略』小泉悠（ちくま新書）

▽『プーチンの国家戦略　岐路に立つ「強国」ロシア』小泉悠（東京堂出版）

▽『ハイブリッド戦争　ロシアの新しい国家戦略』廣瀬陽子（講談社現代新書）

▽『ウラジーミル・プーチンの大戦略』アレクサンドル・カザコフ／佐藤優・監訳／原口房枝・訳（東京堂出版）
▽『アンゲラ・メルケル　東ドイツの物理学者がヨーロッパの母になるまで』マリオン・ヴァン・ランテルゲム／清水珠代・訳（東京書籍）
▽『ヨーロッパ戦後史（上）１９４５－１９７１』トニー・ジャット／森本醇・訳（みすず書房）
▽『ヨーロッパ戦後史（下）１９７１－２００５』トニー・ジャット／浅沼澄・訳（みすず書房）
▽『欧州複合危機　苦悶するＥＵ、揺れる世界』遠藤乾（中公新書）
▽『ＥＵ離脱―イギリスとヨーロッパの地殻変動』鶴岡路人（ちくま新書）

第３章

▽『池上彰の世界の見方　中東：混迷の本当の理由』池上彰（小学館）

第4章
▽『そうだったのか！中国』池上彰（集英社文庫）
▽『池上彰の世界の見方　中国・香港・台湾：分断か融合か』池上彰（小学館）

第5章
▽『人新世の「資本論」』斎藤幸平（集英社新書）
▽『実力も運のうち　能力主義は正義か？』マイケル・サンデル／鬼澤忍・訳（早川書房）
▽『ブルシット・ジョブ　クソどうでもいい仕事の理論』デヴィッド・グレーバー／酒井隆史、芳賀達彦、森田和樹・訳（岩波書店）

第6章
▽『〈民主〉と〈愛国〉―戦後日本のナショナリズムと公共性』小熊英二（新曜社）
▽『ニッポン　未完の民主主義―世界が驚く、日本の知られざる無意識と弱点』池上彰、佐藤優（中公新書ラクレ）

池上　彰（いけがみ・あきら）
1950年生まれ。ジャーナリスト、名城大学教授、東京工業大学特命教授、東京大学客員教授、愛知学院大学特任教授。立教大学、信州大学、日本大学、関西学院大学、順天堂大学でも講義を担当。慶應義塾大学卒業後、73年にNHK入局。94年から11年間、『週刊こどもニュース』のお父さん役として活躍。2005年に独立。いまさら聞けないニュースの基本と本質をズバリ解説。角川新書「知らないと恥をかく世界の大問題」シリーズ、『政界版　悪魔の辞典』、『知らないと恥をかく東アジアの大問題』（山里亮太氏、MBS報道局との共著）、『宗教の現在地　資本主義、暴力、生命、国家』（佐藤優氏との共著）、単行本『池上彰と考える「死」とは何だろう』、『何のために伝えるのか？　情報の正しい伝え方・受け取り方』、角川文庫『池上彰の「経済学」講義（歴史編・ニュース編）』（いずれもKADOKAWA）など著書多数。単行本新刊は、『知ら恥ベストシリーズ1　知らないと恥をかく中国の大問題』（2022年6月刊行予定）。

知《し》らないと恥《はじ》をかく世界《せかい》の大問題《だいもんだい》13

現代史《げんだいし》の大転換点《だいてんかんてん》

池上《いけがみ》　彰《あきら》

2022年 6月 10日　初版発行
2022年 10月 25日　3版発行

◆◇◇

発行者　青柳昌行
発　行　株式会社KADOKAWA
〒102-8177　東京都千代田区富士見2-13-3
電話　0570-002-301（ナビダイヤル）

装 丁 者　緒方修一（ラーフイン・ワークショップ）
ロゴデザイン　good design company
印 刷 所　株式会社KADOKAWA
製 本 所　株式会社KADOKAWA

角川新書

ISBN978-4-04-082427-7 C0295

池上彰 人気新書「知ら恥」

9

分断を生み出す
1強政治
2018年6月発売

8

自国ファーストの
行き着く先
2017年7月発売

7

Gゼロ時代の
新しい帝国主義
2016年5月発売

12

世界のリーダー、
決断の行方
2021年7月発売

11

グローバリズムの
その先
2020年6月発売

10

転機を迎える
世界と日本
2019年6月発売